如何成为
社@群
营销高手

涛 哥◎著

图书在版编目(CIP)数据

如何成为社群营销高手 / 涛哥著 . -- 北京 : 地震出版社, 2022.11
ISBN 978-7-5028-5468-3

Ⅰ. ①如… Ⅱ. ①涛… Ⅲ. ①网络营销 Ⅳ. ① F713.365.2

中国版本图书馆 CIP 数据核字 (2022) 第 127461 号

地震版 XM5197/F（6288）

如何成为社群营销高手

涛　哥　著
责任编辑：张　轶
责任校对：凌　樱

出版发行：地震出版社
北京市海淀区民族大学南路 9 号　　　邮编：100081
发行部：68423031　　68467991　　　传真：68467991
总编室：68462709　　68423029
http: //seismologicalpress.com

经销：全国各地新华书店
印刷：运河（唐山）印务有限公司

版（印）次：2022 年 11 月第一版　2022 年 11 月第一次印刷
开本：710×1000　1/16
字数：189 千字
印张：12.5
书号：ISBN 978-7-5028-5468-3
定价：56.00 元

版权所有　翻印必究
（图书出现印装问题，本社负责调换）

前言
Preface

人类是天生的社会性动物。

这个现代社会的普遍共识,早已在两千多年前借由古希腊哲人亚里士多德之口说出,并在后续的时代不断得到验证。人类行为中的社会性,注定让我们渴望交流、依赖社群。而互联网的发展,打破了人类交际的时空局限,让散落在世界各地有着相同爱好、习惯、审美的人可以聚集在一起,爆发出前所未有的力量。

互联网社群的强大影响力就由此而来。基于此诞生的社群营销,看似是一种十分简单的营销模式,实则是一门需要掌握社会心理的学问,想要做好社群营销,实现让信息在人群中的爆发式传播,除了在所经营的方向深耕、掌握最前沿的关注风向之外,在营销中融入传播学、社会学的思想也至关重要。所以,想成为社群营销的高手,一定要走"理论结合实践"的路径,在成体系的方法引导下,实践自己的营销方案。本书就将从以下几个角度,完整且富有逻辑地全方位解析社群营销的密码,不仅可以让读者快速获取社群营销的理论知识,也能在丰富案例的帮助下,建立属于自己的社群营销模式。

掌握社群营销的方法学密码,最基础的就是梳理社群架构与规则。一个开放社群的底层逻辑就是"兴趣圈",具有相同兴趣的人就是社群的目标人群,进行营销时，一定要锁定目标，精准投放，基于此进行社群架构规划。提前设定好必要的社群管理、传播规则，可以有序地发展社群，为社群裂变爆发打好基础，也为维持社群的长远生命力建立保障。

相对于其他营销模式，社群的体量往往不大，但领域垂直、相似社群之间交互密切，一旦以社群为单位进行信息传播，又能十分快速地撬动一个领域，因此，针对单个体量较小的社群设置的营销方案，一定是"小而美"的，要发挥社群的优势，结合线下进行宣传，才能让社群营销的效果最大化。

同时，要解构社群的传播效应，必须要"找不同，取规律"，比如，社群粉丝具有一定黏性、社群的经营要以内容为先、社群传播中的明星效应十分显著……抓住社群传播的特色，才能针对性地引爆流量。

进入互联网5G（5th generation mobile networks）时代后，更快的传播速度、更海量的信息流，意味着信息传播的方式发生改变，分析的手段也在与时俱进，社群营销更应结合技术不断更新。互联网的新型连接思维让我们用另一种思维审视社群，大数据、人工智能等科技又让社群的经营变得更加精准、便捷，这些都将改变社群的营销方式，让社群这一互联网宠儿的重要性进一步强化。

当然，经营社群不止要掌握以上知识，你还需要建立社群的品牌化意识，才能打造属于自己的具有影响力的社群品牌。品牌意识能让社群更有特点、吸引更多人，从中孕育出属于自己的品牌文化，让社群得以长久、健康、充满生机地发展。

最后，进行社群营销还需要考虑一件重要的事情——如何让营销的结果落地转化。无法让社群经济顺利转化，是许多社群发展到中后期的一个挑战，如何让知识、内容体现出价值，如何让粉丝乐于为这些内容付费，同时维持社群的良好发展，是任何一个体量的社群都需要考虑的。通过不同的变现体系，不仅可以让社群得到快速转化，也能让社群、粉丝实现双赢。

以上将是本书即将为读者展现的主要内容，相信可以为经营社群的读者在一定程度上答疑解惑。如果有不足之处，恳请指正，让我们在社群营销的钻研上共同发展、进步。

目录
Contents

第一章
用思维导图了解社群

第一节　移动互联网时代：站在社群经济的风口上 / 3
第二节　人以群分，到底什么是"社群" / 6
第三节　了解社群的组成模式 / 9
第四节　拆解社群的特点与原则 / 13

第二章
梳理思维，快速构建你的社群

第一节　把握"兴趣圈"，是建群的底层逻辑 / 19
第二节　抓住痛点，锁定目标人群 / 22
第三节　建立信任，搭建社群基石 / 25
第四节　做好架构规划，社群管理更清晰 / 28
第五节　独特的社群规则，决定社群气质 / 30
　　一、人员引入的规则 / 30
　　二、人员入群后的规则 / 32
　　三、交流和分享的规则 / 34
　　四、社群的淘汰规则 / 35

第六节　掌握五大原则，有效经营社群 / 37
　　一、粉丝的力量 / 38
　　二、策划让粉丝有参与感的活动 / 39
　　三、建立线上和线下的联动 / 39
　　四、打造核心社群才能领跑整个群体 / 40
　　五、沉淀用户，建设社群文化是诀窍 / 41

第七节　强化互动，延长社群生命力 / 43
　　一、让粉丝产生参与感 / 43
　　二、满足粉丝的需求很重要 / 45
　　三、多收集粉丝感兴趣的话题 / 48
　　四、及时与粉丝进行交流 / 49

第八节　扩张社群矩阵，众人拾柴火焰高 / 50
　　一、扩大规模的要点 / 50
　　二、构建专业的线上运营团队 / 52

第三章　社群营销："小而美"撬动大流量

第一节　明确社群目标，让营销方向聚焦 / 57
　　一、基于经济目标的社群营销 / 57
　　二、基于人脉发展的社群营销 / 58
　　三、基于兴趣的社群营销 / 59
　　四、基于品牌塑造的社群营销 / 59

第二节　以产品为核心进行营销 / 61
　　一、社群营销，要突出产品的"杀手级痛点" / 61
　　二、注意收集产品的改进意见 / 62
　　三、营销时要提升用户的参与度 / 64

第三节　根据社群人员推广营销方案 / 65
　　一、群主通过号召力发动推广 / 65
　　二、鼓励核心用户进行分享和推广 / 66
　　三、营销过程中筛选种子用户 / 67

第四节 抓住时势,"快、准、狠"地营销 / 69

一、借助时势,出手一定要快 / 70

二、找寻热点,话题一定要准 / 71

三、流量转化,关联一定要狠 / 73

第五节 线下线上联动,引爆营销效果 / 74

第六节 借力使力,让营销事半功倍 / 78

一、将网红经济和社群营销结合在一起 / 78

二、社群营销可以通过互推来置换用户 / 80

第七节 常见的社群营销模式 / 82

一、微信群、朋友圈等私域营销 / 82

二、自媒体账号等公开推广 / 84

三、加盟制的快速引流 / 85

第四章 解构社群传播效应,引爆社群裂变

第一节 粉丝是信息传播的主力军 / 91

一、将用户转化为粉丝 / 92

二、粉丝协助社群推广 / 94

第二节 优质内容是引爆裂变的前提 / 96

一、做用户"看得到"的优质内容 / 96

二、与时俱进,快速迭代的内容才始终优质 / 98

第三节 让子弹飞,强化传播的长尾效应 / 100

一、持续输出,才能建立长尾效应 / 100

二、全面开花,加强内容的长尾效应 / 102

第四节 病毒式传播,引爆社群热度 / 104

第五节 打好感情牌,带来高效率传播 / 109

第六节 抓住社群传播中的明星效应 / 113

一、社群"造星",是明星效应的基础 / 113

二、引爆社群的明星效应 / 115

第五章 互联网5G时代，玩转新社群模式

第一节　什么是引爆社群的4C法则 / 119

第二节　连接思维，打开社群传播链条 / 123
　　一、连接的链式反应 / 124
　　二、连接思维的运营重点 / 124
　　三、连接思维面向的对象是弱关系 / 126

第三节　适合的互联网媒介，助力社群构建 / 127

第四节　建立虚拟社区，升级社群连接 / 131

第五节　基于位置搜索，打造社群联动 / 135

第六节　大数据技术，促成社群爆发式增长 / 138
　　一、利用大数据筛选投放社群广告 / 139
　　二、利用大数据分析锁定用户画像 / 140

第七节　分销模式，让社群"众人拾柴火焰高" / 142

第六章 做好社群品牌化的秘诀

第一节　品牌化，让社群陪伴粉丝 / 147

第二节　社群Logo与粉丝标签 / 151
　　一、社群Logo的设计要点 / 151
　　二、设置有特色的用户标签 / 152

第三节　社群专用词，彰显品牌文化 / 155

第四节　社群品牌化，需要"好故事" / 158

第五节　品牌仪式感维护粉丝的社群习惯 / 161

第六节　借助种子用户反哺社群品牌 / 164

第七章 社群经济的落地与未来之路

第一节　激活"羊群效应"，促成社群变现 / 169
　　一、做超出预期的服务，激活"头羊" / 170
　　二、助推"羊群效应"，鼓励用户晒单发言 / 171

第二节　知识的价值，借助社群体现 / 173

第三节　会员体系，用服务征得人心 / 176
第四节　打造社群价，实现多方共赢 / 179
第五节　塑造爆品，硬核产品打穿市场 / 183
第六节　跨界合作，利用影响力变现 / 187

第一章

用思维导图了解社群

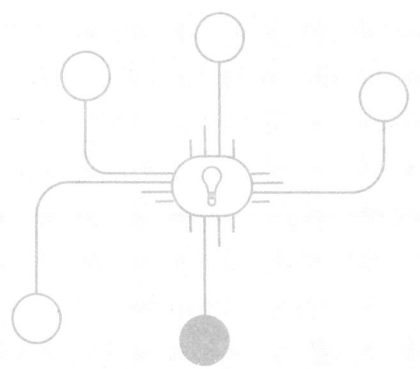

思维导图又叫心智导图，英文名The Mind Map，是表达发散性思维的有效图形思维工具。它简单有效，能够让人一目了然，很快明白事物之间的联系以及存在的逻辑关系，是一种实用性的思维工具。如果能熟练运用，就能够起到事半功倍的效果。而社群，本身就是一种以关系为纽带而形成的社会群体。所以今天，我们借助概念来理解社群的概念、分类以及特性等。

第一节
移动互联网时代：站在社群经济的风口上

无可否认，移动互联网已然成为当下商业的主题。面对互联网移动化带来的海量数据和碎片化信息的冲击，人们的生活不可避免地发生了改变。

新的生活方式颠覆了旧有的信息传播模式。"社群"作为一种新的、有效的传播渠道逐步走向大众，社群经济成为移动互联网带来的经济风口之一，并伴随着移动互联网时代的发展而逐渐成熟。

图1.1 移动互联网的不同发展阶段

移动互联网被分为三个发展阶段。"1.0时代"的标志是智能手机的出现和普及，伴随着移动端的硬件发展，人们开始习惯使用手机或平板电脑进行网络活动甚至完成工作。有些需要电脑端处理的事情逐渐转移到移动端，被手机和平板所替代。移动互联网的1.0阶段开启了移动互联的时代，给人带来的冲击性最大，让我们的日常生活产生了颠覆性的改变。人们开始习惯和依赖移动互联网的功能，比如用手机打车、订外卖，出门使用手机地图导航等。

智能手机的普及就是在移动互联网的1.0阶段开始的，至今，几乎人人手中都有一部智能机，不论是老人还是小孩，我们的生活都被手机的功能包围。这也引发了一些使用者的思考，但从正面的角度看，这正是科技给生活带来便利的体现，也是移动互联网造福大众的直接结果。

在智能手机基本得到普及的现在，我们已经进入了移动互联时代的第二个阶段，也被称为"2.0时代"。这一阶段的标志是不仅手机、电脑等设备可以上网，如智能空调、洗衣机、扫地机、运动手环等设备，只要具备相应的需求，都可以连接到互联网上。最终，实现了移动互联网的"泛在化"，网络在日常生活中具有极高的存在感。移动互联的2.0时代促进了社交媒体的快速发展，由于上网的方式变得多样而简单，社交媒体的形式也变得十分多样，除了过去以文字和长视频为主的媒体平台，短视频的崛起也打破了互联网社交媒体的固有格局，形成一种新的业态并影响人们的生活方式。

我们随时都可以使用手机与世界连接，采取文字、语音和视频的方式与外界交流并获取信息，爆炸的网络资讯打破了过去的信息门槛，影响无数行业的发展进程。这种便利必须依赖移动端的发展而出现，也体现了信息在这个时代的爆发增长。因为用户对网络的使用习惯发生改变，所以企业和政府的服务工作也相应地开始向移动端转移，移动互联在潜移默化间改变了整个社会链条，新的生活观念逐渐建立并传播开来。移动互联成为了人们所开辟的"新大陆"，我们真正意义上将自己的生活"搬运"到了网络上。

这使得互联网的影响力在线下也得到了爆发。当互联网成为一大部分人生活中不可或缺的存在，在社交网络的影响力就必然会蔓延至线下，这给我们借助社群模式推广品牌奠定了极好的基础。因为，社群的生命力就是根植于移动互联网的影响力。

在过去，民用互联网已经发展了二三十年，但人们的社交方式相对还是比较贫乏。受限于移动互联的技术不成熟，虽然QQ、微博等社交平台早在十年前就已经出现，但仍然只能成为娱乐的一部分，而不是人们对外交流的主要手段。我们仍然习惯使用短信、电话的模式进行沟通。但现在移动互联的发展打破了这一技术壁垒，人们不仅习惯了使用主流的微信、QQ、微博等平台沟通交流，一系列新的全民社交媒体平台如雨后春笋一般出现，如小红书、乐乎等，更诞生了抖音、快手等足以改变一代人生活方式的短视频媒体平台。它们的种类和形式之丰富令人难以想象，迅速改变了用户的社交方式，不仅让信息的传播和共享变得更加便捷，也让一切依赖于媒体的服务模式发生了根本上的改变。

从企业经营的角度去看，当社交媒体成为大数据时代新的数据爆发点，不管是活跃的用户数还是普及度都超过了传统的媒体渠道如报纸、有线电视等时，社交媒体在营销上的重要性就会提升。对企业经营者来说，现在在社交媒体平台用较小的成本去精准进行营销投放，效果可能会比在传统媒体上花费数千万元给产品打造一支广告还要高，显而易见，经营者会将精力逐渐倾斜向新的社交平台。而社群的魅力就在于此，它可以依托社交媒体平台进行发展，发挥媒体平台的高传播率、高效率、低成本、高灵活度等优势，同时又能沉淀出优质的长期用户。

从营销模式的角度看，社交媒体的存在意味着这里存在大量"隐形用户"，活跃度越高的平台，意味着"人气"就越旺，而人气代表可以转化的用户基数，也代表信息的传播力和影响力。依托一个好的平台进行营销，就能利用它的用户影响力，这就是移动互联网时代的"新能源"，掌握以社交媒体为主战场的营销模式，就成为营销的重要途径。

从未来的规划角度看，社交媒体已经深入地渗透进了我们的生活，社群的营销模式在未来会发挥出更大作用。现在，不仅普通人习惯了在线上接收各种信息，企业也逐渐适应不同程度的线上办公，就连政府也选择在线上开通窗口以实现便民服务的目标。将科技的力量转化为现代生活的生产力已经成为趋势，在未来它们只会发挥更大的作用，而借助社群来营销的思维绝对不会过时。

社交媒体的发展让社群从线上连接到了线下，已经不再有所区分。伴随着移动3.0时代的到来，万物互联、人脑互联的概念不断被提起，社群发展也进入3.0时代。诚如前面所说，社群3.0将不再仅仅是人与人的连接，更是信息、服务和商品的连接，社交媒体就是社群发展的平台和载体，会推动社群经济发展到前所未有的高峰。

而我们站在这条赛道上，拭目以待。

第二节
人以群分,到底什么是"社群"

社群的概念一直以来是十分明晰的,它是指在某个领域、范围或者边界线以内产生的社会关系,字面意思可以理解为"社会群体"。"群体性"和"连接性"是这个社群概念所体现的两个特点,它既可以是实质上某个区域内的关系,也可以是虚拟的抽象范畴中的关系。

社群首先要具有群体性,需要有一定的人数来组成社群。所以,这个词汇虽然是新出现的,但当我们琢磨它的含义时,就会发现社群从来不是一个新概念,更不是仅存在于互联网的概念,由古至今它始终存在,大到以部落、郡县、省市为界,小到老乡会、俱乐部或论坛,只要是有边界的群体都可以成为组成社群的对象。

社群的另一个特点是必须具备某种连接性。购买了同一款汽车的用户算不算构成一个社群?不算,虽然他们因为共同性构成了一个群体,但是他们之间缺乏具体的社会联系。而在一个汽车论坛里,购买了同一款汽车的用户就算是一个社群了,因为论坛的存在使"连接性"成为了可能。所以,我们所说的社群是一定的人数以某种目的或方式建立联系而组成网络的社会群体,自然就会满足这两个特点。

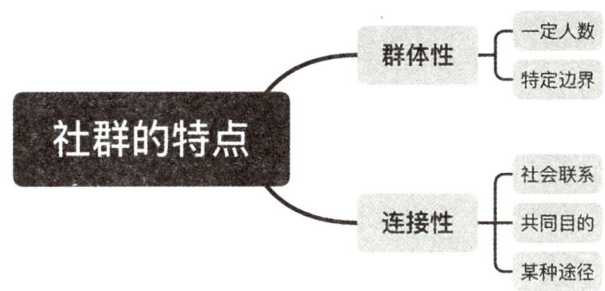

图1.2 社群的意义

当下许多人对社群的认识仍然是比较肤浅、简单的,认为"只要拉一个QQ群就算社群""我朋友圈里的人都算是社群参与者",而谈论到社群营销或者私域流量,就觉得只要在自己列表里的联系人、同群的群友中发发广告,就算是社群营销。

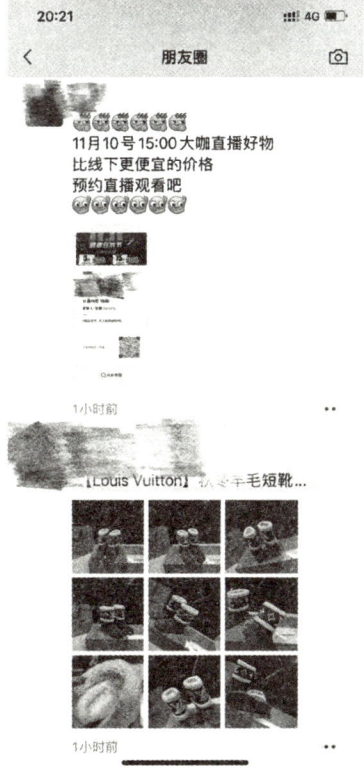

图1.3 微信朋友圈建立的社群

这就是只看到了社群的群体性，却忽略了社群的连接性。做社群营销，一个重要的工作就是挖掘、强化、加深社群的连接性，只有深度连接才有高效的营销，只有挖掘出连接点才是有针对性的营销。

一切营销的手段和结果，都要深挖其定义的概念，从定位出发，理解社群，才能利用好社群。阿里巴巴的CEO张勇曾经这样形容社群的力量："商业正从物以类聚走向人以群分。"仅仅靠商品本身打开市场，不再是当下的营销方向，寻找人群中的共同点，从社群的角度出发，借助发达的移动互联网，可以更精准、迅速、低成本地传达信息，最终让社群从连接信息转化为连接服务、内容与商品。

第三节
了解社群的组成模式

一个群体里的成员还可以怎么划分？

社会学和心理学家对人群有自己的分类方式，从群体本身进行分类，萨姆纳提出了"内群体"和"外群体""我群"和"他群"，梅约提出了"正式群体"和"非正式群体"的说法，米德则提出了"参照群体"和"成员群体"的概念。

如果从实际的定位来看，社群也可以通过一些标准，对成员进行划分。不同的成员身份需要承担不同的工作，一个健康的社群一定要有成熟的成员架构，就像一个社会、公司一样，各司其职，社群才能长久。

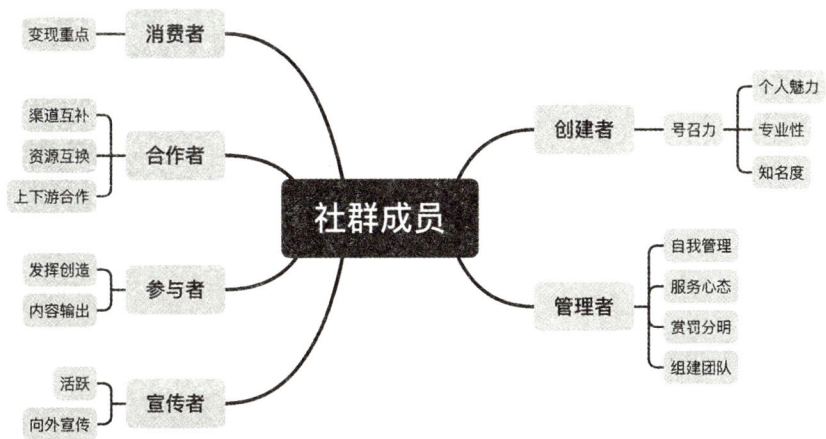

图1.4　社群成员的划分方式

1. 创建者

社群的创建者必须具备一定的号召力,这一号召力可以体现在自己的专业性、知名度、人格魅力等方面。一个大社群里,一般创建者就是领导者和管理者,必须在社群所属的领域内有一定的影响力,才能维持好一个社群的运营。

创建者不一定是威严的、强势的,但一定要热爱并了解这个社群所属的领域。只有真的了解,才能知道成员的需求和倾向。

2. 管理者

社群的管理者对社群的日常维持影响很大,因此必须具备几个管理者应有的要素。首先是自我管理的能力。社群不像公司等组织一样,拥有强力的外界约束,因此管理者自身必须要有强大的自我约束力,并且遵守社群的规定,才能获取群成员的信任。其次,社群管理不像公司的管理,要做的不是发号施令,而是约束和服务成员,因此要有耐心、责任心,才能够做好手中的工作。再次,管理者内部和管理者与其他成员,一定要保持团结,在面对争议时能果断决策,做出令人信服的反馈,这样在遇到问题时才能建立自己的威信,保证在群中的话语权,方便管理。最后,管理者也要赏罚分明,合理评估成员的各种行为,维护好社群的规则。

社群的管理工作并不会因为是在网络上进行而变得简单,相反这是一项琐碎、复杂、要求付出的工作,因此一两个管理者可能无法胜任社群的工作,这时就需要建立一个核心团队,让在不同领域具有专长的团队成员各司其职,才能让社群运行得更加顺利。比如,在豆瓣几十万人的兴趣小组中,管理员中有一部分要负责审核入组申请,有一部分则处理违反小组规定的成员发言,还有一部分负责对内、对外的发言和文案。甚至在管理员中,还要有"试用管理员"和"正式管理员"等多个层级,由正式管理员负责试用管理员的工作考核,考核通过后再转正。

3. 宣传者

一个社群除了要靠内容引爆流量,也要做好对外宣传。宣传者在社群中的定位就是能够连接更多的人,能够和外界进行谈判,可以跟不同的社群成员进行交流。社群是以人为资源，围绕着人与人之间的关系而存在的，不同社群成员可以发挥不同的作用，宣传者就是非常重要的社群资源。活跃的宣传者，可以在不同的平台进行社群宣传，将社群的优点和特色传播出去，让好内容可以吸引到更多的人，也更有利于社群与外界的合作。

4. 参与者

社群需要一些特殊的参与者，这些参与者的风格、个性和领域可以有所不同，但一定要围绕着社群的核心定位展开，可以让参与者尽可能多地参与到社群的活动中来。一个优秀的社群，就一定有大量优质的用户，并且可以通过自己的创造、思考以及影响力来丰富社群的内容、活跃社群的讨论。优质用户就是社群当中热衷于发言和表达的参与者，他们可能是某个专业的大牛，也可能说话风趣、令人愉悦，又或者性格软萌、擅长交流。这些人就像湖水中游动的鱼，能搅动一池春水，让整个社群充满生命力和活跃度。比如小红书APP（Application，应用程序）上，优质的用户会得到官方给予的流量倾斜，管理者就是通过这种方式来鼓励优质用户多发言、提高优质用户的参与度，这样才能让其他用户获得更好、更多元化的专业信息。

5. 合作者

一个社群也一定要拥有合作者，这些合作者不仅认同社群的理念，也能提供相匹配的资源。社群的存在，如果最终目的是商业变现，就绝不能封闭发展、自娱自乐，一定要在外拓展可以资源互换的渠道，多与他人进行合作。与不构成竞争关系的社群进行互动往来，不仅可以提高彼此的影响力，也能加快社群的宣传力度和对外扩张。比如，喜马拉雅、有声、凯叔讲故事等听书平台会与许多出版公司的公众号合作，将文字变成声音，将两个平台的宣传资源整合在一起。

6. 消费者

社群的最终目的是能通过某种方式实现变现，长期的运营和维护都需要投入大量的人力和物质成本。所以一个优质社群所发放的精彩物料、投入的运营时间，都可以等价换算为成本，这些成本都需要由消费者买单。因此，社群当中的消费者是社群一直维护的成员，消费可以通过购买相关产品、提供某种赞助或者进行其他方面的产出来实现，而最终，消费者的存在，才能让社群得以长期健康地运转下去。

对于社群的成员，除了我们所说的这几种组成之外，还可能有其他细分方式。总体来讲，一个成熟的社群必须要有以上几种角色的存在，这样才能不断扩展社群的影响力，丰富成员的组成，促进社群的发展，进而达成良性循环。

第四节
拆解社群的特点与原则

前面我们说过，社群是某种现实或虚拟区域中的人群通过某种关系结合建立的，所以群成员之间具备一定的联系性。如果我们用思维导图来绘制一张社群表，就能使社群成员之间的关系，社群特点、核心、需求一目了然。这种导图类似于《红楼梦》或《水浒传》的关系图，尽管我们在阅读拥有这么多人物的小说时，大脑会觉得混乱，但只要画成一张人物关系图，思维可以立即得到梳理。所以，将思维导图用在关系繁杂、需要体现信息整合能力的社群营销上，就会具备天然的优势。

下面我们就会用思维导图来拆解一下各领域中社群运行的共同原则。

首先，社群的构建原则是注重需求和共性。人们在某方面对社交的需求，构成了社群的"连接性"。一个社群能够存在的基础，是其群体内成员有求同的意向，他们在某个领域具备相同的价值观和交流需求，比如豆瓣的各种兴趣小组、虎扑等篮球爱好者论坛、Github代码学习网站等，都是群体需求的外在表现。而社群所带有的社交属性才是让它长盛不衰的本质，它一定与某种物质或精神需求紧密连接，然后将群成员个体汇集起来。

举个简单的例子，我们在日常生活中与朋友、同事、家人所建立的各种吃饭、学习、旅游、健身群，就是不同社交属性的迷你社群。

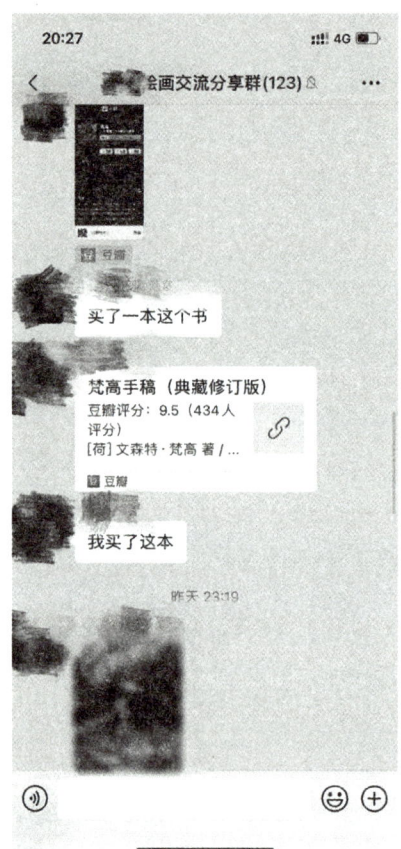

图1.5 某一个体所参与的社群

不能把社群和社区混为一谈。社区是个体的集合，社群则是某一共同爱好的表现，所以社区表现的是多样性，社群表现的是共同性。比如，微博、小红书、Lofter、豆瓣等网站本身就具备社区性，它的目标是尽可能多地吸引各种各样的用户参与，丰富社区的内容，让社区信息包罗万象，继而继续扩张。而微博的兴趣超话、Lofter的专题tag、豆瓣的兴趣小组、百度的贴吧，就具备社群性，从复杂的个体中提取具有某种共性的个体，在这个地方只谈论针对这一共性衍生的话题。这种特殊性质让社群具备独特的优势——筛选出一群具有针对性需求的用户，在进行某方面营销时，只要找到对应的社群，就能筛选出高质量用户，从而进行高效转化。

比如，在插画兴趣小组中宣传某品牌颜料，就比在明星八卦论坛上宣传要有用，因为服务者或商家可以直接与目标用户建立关系。如果这种社群的关系更密切——在已购用户中宣传新品颜料，那么效率会更高。

通过共同的需求建立社群，只是构建起一个初步框架。要长期运行一个社群，就要注重其稳定性，建立社群制度。有活力的社群依赖健康的管理制度，在给成员培养群体意识的同时，刺激大家持续性互动，才能使社群的生命延长下去。

相信我们都有这样的经历：

出于某种需求加入了一个群，刚开始群内热闹无比，大家针对共同的主题不断探讨，每天发言都显示"99+"，翻不完的聊天记录、插不上嘴的话题。但时间一久，伴随着需求、兴趣的转变，生活重心也随之变化，每一个群都面临着走向冷清落寞的结局，只留下几个喜欢聊天的成员还在发言。

这就代表这个社群的生命走向了完结。进行社群营销，除了要注重一开始的爆发式增长外，延长社群的生命也是非常重要的。通过一个完善的制度和规则来维持社群，才能让营销的长尾效应保持下去。

因此，社群营销管理就有了以下几个要点：

第一，拥有群名称是成为社群的主要表现形式。

第二，群的共同爱好是连接社群成员的节点。

第三，群体意识是凝聚社群的力量。

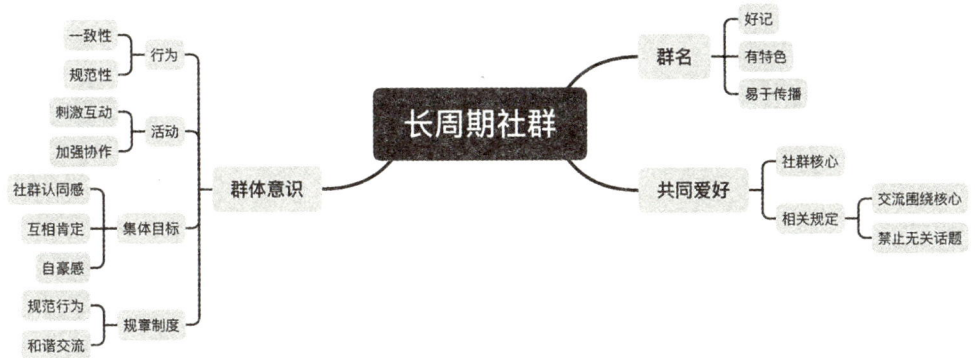

图1.6 一个生命周期长的社群应该具备的特点

一个合适的群名不仅能宣告社群的存在，还能体现社群的气质、增强社群凝聚力。心理学研究证明，人类对亲疏关系的认知从名字上得以表现，比如某些公司以代号相互称呼而避免真名，是为了降低员工之间的认同关系、确保员工关系不过分密切。很多人对自己起了名字的动物有更深的感情，也是这种原理。所以，选择一个符合社群气质的名字，能在心理上给成员留下"自己人""群体"的认识，加强社群连接。

连接群的节点就是彼此的共同爱好，所以大量的社群会通过详细的规则来强调这一爱好。比如各类型的兴趣小组，会要求在小组内只能谈论相关话题，减少其他话题的出现。这是为了让社群成员可以高强度地接收到感兴趣的信息，将本社群区别于其他群体，从而保持内容专注度。

建立群体意识可以凝聚群的力量。通过制度可以加强群体意识，比如建立针对性的规则，让成员的行为保持一致性和规范性；通过各种活动刺激，保持成员之间持续性地互动；给成员分工，提升参与度和协作能力，从而建立更深的认同感；通过提出某些目标，让成员共同达成，在达成后加强自豪感和对社群的肯定；通过保护性的制度，建立更安全、更健康以及成员更喜爱的环境，让社群成员拥有信任感与归属感。

社群概念虽然早就存在，但是新的社群运行原则是在互联网时代才摸索建立的。互联网的出现，让拥有共同爱好、共同需求的人可以跨越空间联系在一起，网络提供了社群最好的连接土壤。再小的爱好、再少的需求，也能找到有认同感的人，所以社群开始以网站、小组、微信群等各种方式存在，但本质上它的运行原则是共通的。

每一种社交方式的出现，都会诞生一种新的营销模式。在书信通讯的时代，人们在报刊上宣传、发布广告；在手机通信时代，电话营销走上舞台；而在互联网时代，社群营销成为人们不可避免的话题。每一个社交平台的出现，都是在用户获取和划分上攻城略地，商家借助各种社交平台，可以更近地接触自己的目标消费者，进行更顺畅的对话。所以社群的存在，其实让营销的时间和金钱成本都被降低了，运行好一个社群，能更快速地实现我们想要的商业变现。

如果说内容永远是用户的流量入口，那么社群就是把流量留住的一环，最终通过电商来实现流量变现。而如何把流量长久留住，才是需要我们关注和思考的。

第二章

梳理思维,快速构建你的社群

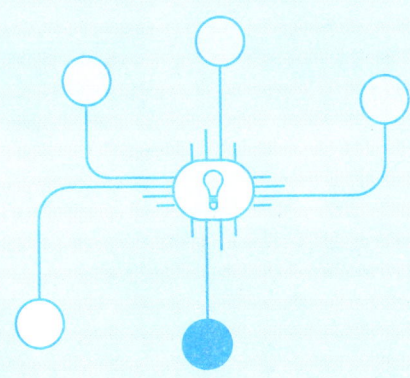

通过微信朋友圈等社交软件功能，我们可以建立私域，但这并不等于真正的高质量社交圈，也谈不上一个成熟的社群。伴随着大量社交平台的推出，用户时间大多用在朋友圈或微信的其他功能上，其在社交方面所做出的贡献越来越少，相比之下，我们可以把更多的时间放在微信群、QQ群等封闭式社群的建立上。尤其是对于商务人士而言，与微信群相关的这类专业社群才是不可或缺的，而我们选择加群的目的就是扩大交友圈。这种类型的社群涵盖范围广泛，涉及的群体众多，学会了快速构建属于自己的这类社群，可以帮助我们竞争更多的社会资源，从而更快实现流量变现。

第一节
把握"兴趣圈",是建群的底层逻辑

构建社群的底层逻辑是,将相同圈子的人整合在一起。通过不同类型的社交图谱,我们可以对社交圈进行分类,社群经济最依赖的社交圈就是"兴趣圈"。

社交类APP正在取代广义上的社区APP,从另一个角度杀出重围,抢占用户。这种社交类APP往往聚焦某一兴趣点,相比于其他社区APP经营广泛、涵盖用户量广,社交类APP从一开始就对用户进行了取舍,只针对某一兴趣点的用户,但也意味着在这个细分的领域,可以做到更深耕耘。引爆这类社交APP的出发点就是兴趣,证明在当下这个时代,兴趣正成为商业活动中不能忽视的一部分。

说到这里就不得不提起一个以社区文化闻名的网站——豆瓣。最初,豆瓣中文艺青年居多,用户大多受过良好教育,有较高的审美能力,喜爱文学艺术作品等特点,与其他网站的用户形象进行区分。这与豆瓣网站的创始初衷不谋而合,创始人阿北开始就是想建立一个能让彼此爱好相同的人深入交流的圈子。他看了很多书,越发觉得自己所知甚少,跟身边的朋友和同事进行交流沟通时,能够不断从他人身上获取有启发的信息,并从这种分享当中学到东西。这促使他创立了豆瓣,一个以读书和分享书目为目的的网站。

之后,伴随着用户群体的不断扩大和下沉,豆瓣不仅是文艺青年和知识分子的聚集地，也吸引了拥有其他兴趣的爱好者。他们在这个社区里加入各种各样的小组，在小组中寻找到有相同爱好或相同境遇的人，最重要的是有共同语言的人，如此一来，就能有针对性地交流高质量的信息。插花、养猫、做羊毛毡，甚至是做表情包、研究某部经典电视剧……在这里，总能找到有相同爱好的朋友。

相同的爱好促使他们凝聚在一起，随着用户的增加，社交信息在不断地反馈着，豆瓣也因此积累了庞大的数据库，建立了精准的用户画像，积累了一批优质的核心用户。一方面豆瓣可以通过算法有针对性地给用户提供他们感兴趣的内容，让这些有相同兴趣的用户可以更快速地找到同伴，也让豆瓣的各种小组成了社群最好的案例和营销土壤。

这就是兴趣的力量，以兴趣为媒介构建社群，可以节省许多时间，快速吸引流量。人们不再满足于过去狭窄的交友方式，而是借助于互联网的力量，让任何一种小的喜好都能够找到志同道合的朋友，这使得兴趣圈成为互联网时代构建社群最好、最快速的方式。而且，我们在线下受地域界限、时间精力等问题的影响，在所处的环境中，很难找到许多和自己有相同爱好的人。如有足球、篮球这类大众化的兴趣，还能够让人找到不少有相同喜好的朋友，像古风音乐、BJD（Ball-jointed Doll，球型关节人偶）玩偶、亚非小语种等爱好，不是每个人都能在身边轻松找到可以分享和交流的对象。正是因为在现实中稀有，在网络上遇到这样的朋友，才会令人更兴奋。因此以兴趣圈构建出来的社群具备天然的认同感，社群成员之间的信任度很高，对彼此的评价也会高于其他人。

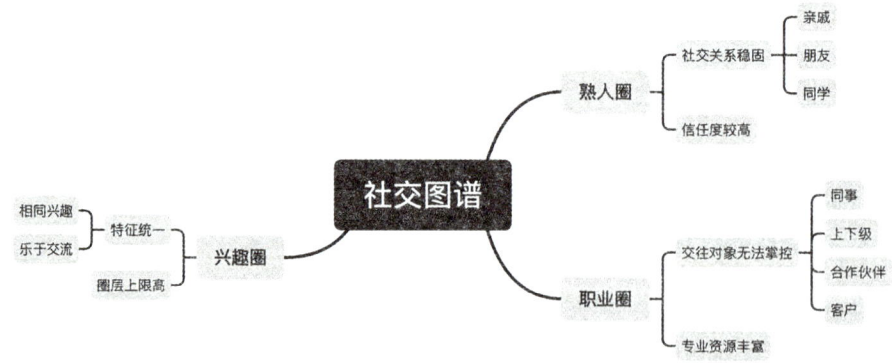

图2.1　社交图谱的三个维度

想要吸引某方面的用户，让陌生的用户进入你的社群，最好的办法就是先进入他的兴趣圈。找到用户共同的兴趣点，通过优质的内容引起他们的兴趣，你的社群构建就已经完成了一大步。

除了我们所说的兴趣爱好可以构建社群之外，社交图谱还可以从另外两个维度来进行解读，分别是熟人圈和职业圈。当你在思考这些的时候，都可以用思维导图的形式展现出来，让一个复杂的社交图谱可以用更清晰的脉络呈现。

熟人圈是从古至今都无法忽视的社群用户潜在圈层。熟人圈一般信任度都很高，社交关系也比较稳固，不管是亲戚还是朋友都在现实生活中经过了长期的相处，对彼此比较了解，因此获客成本比较低。但熟人圈也不会很大，本身可选择性就比较小，想要构建一个大的社群，就不能依赖熟人圈。既然熟人圈不能给我们的社群构建提供大量成员，是不是意味着可以完全放弃了？也并非如此，对熟人圈的利用最重要的是筛选，筛选出合适的人员可以构成你所建立的社群的核心，或者为你的社群提供优质资源。最忌讳的就是将熟人圈当做公共社交圈来使用，试图让熟人为你的商品买单，大量、频繁地用他们不感兴趣的信息刷屏。要知道，熟人的重要性不是增加几个买单支持社群运行，而是能给社群带来合作、帮助进行社群管理等。

职业圈和熟人圈不一样，我们可以在一定限度下对熟人圈进行选择，比如跟谁做朋友、和谁交流多等，但职业圈往往是无法掌控的，在任何地方都会有一些不得不交往的对象。职业圈一般不是你所建立的社群的核心对象，但如果社群的方向和职业有一定重合，职业圈也能给我们带来一些资源、机会和互动，这些是职业圈对社群的帮助。

总体来说，要构建一个成熟的社群，还是要从兴趣圈出发，有相同兴趣点的人聚集在一起，才是最容易转化的优质成员。财经作家吴晓波曾经说过，社群是互联网送来的最好的服务。有了社交网络，人们可以在社群中突破地域的限制，实现最大程度上的精神满足，这打破了原本的社交关系，而重建社交关系也意味着背后产生新的商业逻辑。社群营销，就是诞生在这样的新兴商业逻辑中的。

第二节
抓住痛点，锁定目标人群

在社群营销的时代，"痛点"这个词出现的频率很高。痛点思维让商家也不得不改变做产品的思维，先有产品再投入市场是过去的生产习惯，而基于痛点的思维是，先了解市场的需求，再进行产品开发。

在这种情况下，如果你能解决一个用户长久关注但一直存在的问题，你就自然而然得到了流量和认可，从而引发某一群体的赞同进而构建出社群。

那什么可以算作用户的痛点呢？能让用户产生负面情绪、戳痛用户内心需求的点就是痛点。相信大家一定有这样的体验，我们很难在生活中买到百分百满意的产品，一旦在使用过程中对产品感到不适，就会产生负面的评价。比如用户买了个皮夹，发现没有办法平整地将百元钞票放在里面，就会产生对产品的不满。负面情绪就是日后我们在改进产品时要关注的方向，如果产品能将用户的痛点解决，就能发泄他们内心积攒的情绪，满足用户长期得不到解决的需求，就会让用户产生必须购买的冲动。

举个简单例子，小米手环在刚刚推出时，打出的广告词就是"30天充一次电"，这就切中了很多手环用户的痛点。在当时，用户对手环最大的不满就是电容量太小，让他们不得不频繁充电。痛点会激发用户内心对完美产品的渴求，解决这个问题，就能抓住用户的痛点，激起他们的购买欲望。

所以我们在进行社群营销时，不管是营销产品还是服务，不仅要解决用户的痛点，还要将这一特色点出来。戳痛用户的痛点再进行宣传，就可以起到事半功倍的效果。这样强化用户内心对自身需求的洞察，对有相似痛点和经历的用户，都能起到有效的宣传效果。

我们可以参照九阳铁釜电饭煲的例子来看一看，打造产品时应该如何寻找痛点。在研制新型电饭煲时，九阳针对人们在实际生活中的感受进行调查和分析，发现了一个普遍的痛点——很多用户都觉得电饭煲蒸出来的米饭味道不如儿时铁锅柴火饭的香味儿更有吸引力。但是没有一款电饭煲能解决这个问题。九阳发现了用户的普遍需求，于是着眼于"口味还原"进行研发，最终尝试发明了铁釜电饭煲，其卖点就是"还原铁锅煮饭的味道"。而这一电饭煲一经推出市场，就成为了备受欢迎的拳头产品。

抓住痛点，可以帮助我们找到建立群的切口，下一步就是针对这个痛点进行社群营销。还是以小米为例，小米的成功不仅因为它解决了用户在电子产品使用上遇到的各种痛点，还因为小米将自己的特色宣传了出去，通过小米的论坛聚集了这些有相同痛点的用户，建立认同感和参与感，让用户在小米推出产品之前，就已经产生了"我要买""我要支持""我要宣传"的想法。因此，小米才能以野火燎原之势传播和发展。

从创立之初，小米就立足于社群宣传。它以微博平台来获取新用户，然后将用户引流到自身论坛，通过相对封闭、专一的论坛打造出自己的社群，沉淀用户，然后用微信来进行用户服务。在论坛上，小米用户的参与度非常高，不仅可以参与UI设计（界面设计），还提供了很多反馈意见，这不仅促进小米手机的改进，更能让用户产生荣誉感和主人意识，达到增加认同感的作用，这就是社群营销的典范。

小米很注重社群。不仅创始人雷军初期在微博上极其活跃，热衷于和用户交流，工程师也会对论坛上的帖子进行及时回复，在每个帖子后面都会显示该问题是否被解决，这让用户感受到了沟通、信任和尊重。所以，这一种子用户群也给予了小米想要获得的回馈。在小米的UI系统发布一周年时，品牌在论坛举行了新品发布的线下活动，提前征集"米粉"来参加手机的发布会，当时引起了近千名用户的争相报名，也在互联网上掀起了一股围观效应。这本身就是对即将要发布的手机的一次成功预热，能够吸引大量的粉丝关注，从而在互联网上带起一定的话题度。更重要的是，这是一次社群力量的变现，让社群直接影响到了手机的销售。

小米模式并不是完全的社群，但是它使用了许多社群营销的技巧来维护自己的用户，也以社群的方式进行了信息传播。信息在社群中传播的高效性和精准性，在小米的成功案例中可以得到体现，因此它是一个社群传播应用的经典案例。

移动互联网引发的信息碎片化给我们的生活带来了许多弊端，但在挑战当中也蕴藏着大量机遇。碎片化的信息有两大特点，一个是信息量的泛滥，一个是信息承载量的精简。在这种情况下，通过兴趣点精准划分的社群，已经先筛去了一些不必要的信息，达到了在碎片化信息中提纯的目的，这种精准的信息传播并不会被碎片化信息所稀释，能够进行更有效地传达。所以社群传播将成为移动互联网时代最高效的传播方式之一。

改变意味着挑战，也意味着机会，用雷军的那句话说，猪站在风口上都能飞起来，因此顺势而为，就能做好社群营销，毕竟高效引流不是一个伪命题。

第三节
建立信任,搭建社群基石

搭建社群的一个基础是建立信任。尤其是在互联网时代,网线两端都是对彼此身份不明的陌生人,在没有信任的前提下,大家很难敞开心扉去接受信息,彼此的认同感会比较低。这也是熟人圈相对于兴趣圈的一个优势——熟人圈天然具有信任度。所以在社群营销中,你要花很多的时间和精力去获取大家的信任,"诚信"永远是商业活动中颠扑不破的真理。

即便以一个小的微信群形式存在的社群,群主或管理员也应该时刻记住这一点,通过各种方式让群成员对自己产生信任,这种良好的氛围才能让整个社群健康地运行下去。

举个简单的例子,如果你仔细观察的话就会发现,在很多与兴趣和行业相关的群中,群主都会明确规定不允许发布任何广告。因为大家都知道有群就有人,这些人本身就是一种信息传播的资源,那些手中有广告的人一定希望利用这一资源——这会导致整个群最终成为广告的泛滥之地。

普通用户都抗拒这种影响自己接收信息的广告,一个广告过多、没有人谈论感兴趣话题的群,就如同鸡肋一般食之无味,很容易被大家放弃。所以,群主要获得群成员信任的第一步,就是创建一个令大家舒适的交流氛围,那就一定要杜绝各种广告。

> **群通知**
> 【公告】[可爱]可投稿、可勾搭编辑，可在群里找作者。请不要发小广告，看到一律删除！

图2.2　某一行业群内拒绝广告的规定

除了反对发放广告之外，信任还要通过各种规则的制定和维护来体现。保持公正、约束自我，同时保障群成员的利益，才能够提升大家的信任度和认可度。

例如在某编剧QQ群中，群主会对每一个发布剧本资源的人进行资质审核，只有获得群主认可、审核通过的人才能与其他编剧进行约稿。这种方式大大增加了编剧们对剧本资源的信任，而几次成功的交易之后，群主的信任度也得到了大家的认可，最终形成一个良性循环。

这种充满信任的氛围，才是一个社群可以长期存在并发展的基础，一旦信任崩塌，任何流量都不再具有价值，转化效率也会变得很低。

在现代社会，年轻人特立独行，对个性和自我特色的追求达到前所未有的深度，通过灵活使用互联网工具，他们可以在更广阔的网络空间里，寻找有共同爱好的同类。可以说，这种时间和空间的限制被当下的科技发展所打破，是社交媒体的多元化促使相似的声音可以借助网络融会在一起，形成一种力量，也让声音的主人聚合为一个群体。

因此，爱好与认同感成为社群经济中消费行为的来源，而认同感首先来自于信任。只有先建立了彼此信任的基石，能进一步产生认同，并且基于共同的爱好产生牢固的情感纽带，大家才会传播、推广和消费，社群经济就是依托于此而产生并发展的。

所以未来不仅是社群经济的时代，也是垂直社群的时代，因此必须在一个领域里垂直深耕，聚焦于某一个群体，服务于某一种爱好，深度了解这类用户的喜好，才能让社群经济实现转化并落地。而在这个过程获取用户的信任是不可缺少的重要环节。

当年轻人聚集在一起，因为互相认同而互相信任，就会形成"亚文化"群体，从而区别于大众文化。亚文化爱好者所关注的领域"小"而"精"，对该文化圈不感兴趣的人，可能连对方在讨论些什么都难以理解。这是因为每一种亚文化都需要强烈的爱好支撑，也有一定的进入门槛，所以小圈子内彼此的认同感和信任度很高，这样的社群构成就具有极强的活跃度。如果在这个基础上，还能将社群的规模做大，社群领袖在粉丝群体中说话将有一呼百应的效果，也能得到社群成员的支持和认可，这绝对是一种无法忽视的商业价值。

想象一下，跟远在天边的明星代言比起来，是不是自己相熟的社群伙伴给出的推荐更值得信任？而其中，社群领导者要具备普通社群成员所没有的影响力，在他们帮助进行商业推广时，消息传播的速度会更快，覆盖面也会更广。

这就是社群经济的基础，因为信任而产生口碑，因为口碑而具有信息传播和变现的力量。因此我们在谈论建立社群的时候，就会将信任度的营造作为社群的基石之一。

第四节
做好架构规划，社群管理更清晰

想要做一个大的社群，就一定要从一开始做好架构管理和规划，社群一旦扩张到一定人数，必然需要明确的规定来约束，并且有相对应的管理者进行日常维持，这样才能长期健康发展，所以，建设社群时设立合适的群主和管理人员至关重要。

社群的架构是多元化的，就像我们前面所介绍的，一个社群是不止有群主和成员的，它就像一个金字塔般，由多种角色构成。其中，社群群主必须具有自己独特的魅力，才能够凝聚所有的粉丝，让大家有契机聚合在一起。

比如，起点网某知名作者就有自己的社群，在QQ和微信平台上，他建立了数千人的粉丝群。作者本人并不是群的直接管理者，也很少在群内发言，但是他的作品内容引导着整个群的讨论热点和方向，只要作者更新了内容，群内就会从这一内容衍生出许多话题。所以，社群即便不由群主和创始人直接管理，也烙印着他们的色彩和风格。

在社群的实际运营中，可以缺少群主参与，但一定不能少了有能力的管理员。群管理员名义上是群主的助手，帮助群主管理群的日常工作，比如用群规则来约束成员行为，确保群内气氛和谐；提高群成员交流的积极性和成员之间的认可度，打造有黏性和认同感的大家庭；通过一定方式鼓励群成员发言，剔除长久不活跃的成员，保障群的长期生命；管理维护群的日常活动，通过群公告的方式引导成员的具体行为等。

如果说群主决定了成员关注的信息内容和整个社群的气质，群管理员就是日常风向的引导者。如果管理员不合格，造成的争议和问题甚至会导致社群分崩离析，他们的重要性不亚于群主。

豆瓣某娱乐兴趣小组，因为社群管理员在执行规则时，对某一明星的粉丝群体有所偏好，在发帖审核时故意遗漏该明星粉丝的违规行为，遭到了小组成员的质疑。小组成员失去了对管理员的信任，进而上升到了对组长的质疑，因为整个管理小组处理和回应不及时，导致数千名小组成员退出。这就是管理员工作不当，对社群造成的负面影响。社群是人与人之间关系的体现，所以要花大量的时间和精力维护这种关系，一旦社群气氛出现问题，失去对社群的兴趣，人与人之间的连接就会被打断，继而使社群遭受重创。

所以，群管理要注重社群气氛的营造，出现问题要及时回应并处理，保持公正、遵守规则、约束好社群成员。只有选出这样的社群管理员，才能保证社群的长久运行。

不是每个人都能成为社群的领导者和管理者，只有具备相应的能力，才能参与并打造出有力量的社群。

第五节
独特的社群规则，决定社群气质

社群营销虽然被诸多企业津津乐道，一度成为企业和个人打造品牌的利器，但不同社群营销的效果天差地别。究其原因，是大量企业只知其然而不知其所以然，没有针对社群成员的特点制定有针对性的营销方案。

社群成员的特点体现在哪里？

除了群成员的喜好、关注点、年龄、地域等信息反映了社群成员的特点之外，社群的规则也会塑造群成员的特点。所以，制定营销的基础是独特、成熟且符合自身运营目标和定位的社群规则。

制定好社群规则，一个社群的经营模式才能被"打通"，进而具备营销、商业转化的可能性。社群的规则，可以从人员引入、进群、交流等几个角度进行制定。

一、人员引入的规则

不同定位的社群在人员引入上，会有不同渠道，总体来说都以一种"金字塔形"或者"环形"的组织结构存在。

由于社群是依靠人群传播而逐渐壮大的，所以人力资源是社群中最重要的资源，最初入群的成员往往会成为核心，对社群的发展和裂变产生一定影响。在金字塔形的结构里，社群最核心的领导者（一般为创立者）在金字塔尖，逐层管理下面的小群主，实现社群裂变，最终由上而下地对社群进行调度。尽管社群的结构比较松散，但这种金字塔的结构还是初见雏形。

这种结构的劣势是，金字塔尖的核心管理会承担较大压力，而社群模式本来就比较分散、不好管理，一旦完全保持金字塔状，后期社群扩张时就会面临很大挑战。所以，大的社群还有环形结构，核心成员以环状围绕在灵魂人物周围，各自承担不同的工作，共同合作，并管理外环。

为了建设这样的环形结构，筛选和引入优质的、能独立完成工作并在某方面能够独当一面的核心成员就是尤为重要的了。因此，社群的引入规则就要在这里体现，社群的定位和目标决定了引入规则的细节，而引入规则筛选出的成员，则会引导社群未来的发展。

"今日头条"举办"青云计划"筛选各领域优秀创作者时，就通过邀请制的方式，将优秀的创作者引入对应领域的社群中，有文化历史、育儿教育、职场心理等不同方向的领域，各领域作者组成一个个小社群，由头条官方人员对接，最终形成一个大的核心社群。这个社群，就是"今日头条"所积累的优质创作者，是能让一个资讯平台长期输出好内容的核心资源之一。

邀请制是引入规则的一种。从这里就能看出引入规则的重要性。一个社群需要什么样的人，我们可以通过设置不同的引入规则来筛选。比如，"今日头条"文化历史频道的社群，需要的是在这个领域有优质创作的用户。那么邀请前，就需要进行对应的筛选。它的筛选规则大概是：

（1）30天内在文化历史频道进行的图文创作大于5篇。

（2）30天内发表动态大于10条。

（3）原创作品获得过"今日头条"举办的某创作比赛的优胜奖。

这一邀请制的筛选规则，分别对用户的创作领域、活跃度、内容优质程度进行了考核，符合规则的创作者跟一般用户比起来，是不是明显具有更强、更专业的内容输出能力？这就做到了定向的核心人员筛选。

针对有一定特长或能力的成员，社群可以采取邀请制进行引入，而更常见的情况是任务制或付费制等规则加入社群，本质上都是需要成员付出一定成本，为社群做出自己的贡献后获得入群资格。任务制不需要付费，但需要一定的劳动付出，完成某一任务。

比如，通过转发相关信息到朋友圈、集赞等任务，获得加群资格以及入群附加奖品。这能让信息迅速传播。与之类似的，还有转发信息到其他有相关性的微信、QQ群，更能达到精准传播的目的。

但这种方式已经被运用广泛了，相对更麻烦的任务，则包含了填写个人资料表、进行相关内容考核等，任务越麻烦，说明社群所要筛选的成员在相关领域素质越高，这样形成的社群也就越有竞争力。门槛高，社群的质量也相对来说高一些，而初期的规模则会相对较小，这需要根据我们对社群的定位在制定规则时进行取舍。

付费制的社群所引进的成员，往往是社群实现变现的第一批核心用户，也会成为社群裂变时重要的参与者和发展者。好的社群不会只把付费制引进成员看作变现的规则和手段，而是利用付费制筛选对社群有认可度的、志同道合的同路人。一般愿意花钱进入社群的成员，都是能为成长付费的，他们愿意付出时间和精力来学习，这种成员对社群的发展和成长能起到相当大的作用，是社群的核心之一。

二、人员入群后的规则

成员入群之后，需要设定一个有仪式感的规则，从几个简单的细节，让新成员感受到归属感，让新老成员之间实现交流，活跃群的气氛。

1. 通过系列化命名适应群管理，增加归属感

每个社群的基本资料最好做到在视觉上的统一，给人以规范、明晰的感觉，还能增加成员对群的归属感。比如大学的学生会群，可以按照"院系+入学年份+名字"的方式命名，整齐划一方便管理。除此之外，统一的群资料、群名称乃至于群头像，不仅能给新老成员规范的观感，也能给成员带来"规则"和"集体"的意识，让他们能产生遵守规则、服从管理的心态，有利于群的管理和规则的落

实，也利于群成员之间进行交流，能形成正面的影响。

举个例子，"今日头条"的签约作者群，就实行过按照"频道+头条名+群昵称"的命名方式，不仅对每个人专攻的发展方向了如指掌，在群内外也方便大家互相关注、交流，管理起来简单方便。

2. 对群资料和群公告进行统一的设置

新成员入群的规则和相关要求，可以通过群资料和群公告来进行设置，这样每名成员入群之后都可以快速阅读本社群的相关规则，并做出对应的行动，避免初来乍到违反群规、扰乱群的气氛。

比如在某行内编剧制片交流群中，群规则已经提前说明"群内禁止发任何广告，禁止未经群管理认证的剧本约稿，谢绝中介"，那么此类行为就不能出现，同时要求"新入群成员修改群名片为'地域+编剧/制片+方向+名字'，阅读本规则后请在公屏回复'收到'"，那么新成员就要记得做出相关回复，在入群后按要求报到。

3. 鼓励新老成员之间的交流

在新成员入群后，一般都会鼓励其进行自我介绍，这也是初入群的常见规则之一。

不是每个人都乐于主动开口，尤其是在一个相对陌生的社群，社交经验不足或相对内向的人往往需要一个"推手"，在初入群的规则中要求他们主动开口，能给新老成员创设一个交流、熟悉的机会。

对不善于表达的成员，可以通过设定好的自我介绍模式来引导他们展开话题。比如某绘画交流群，社群的要求是"新成员爆照或发布10张个人作品"，爆照的方式不仅可以开启话题，还能拉近彼此的距离，根据研究，在互联网上没有见过面的人，彼此之间的距离感会高于见过面的陌生人，"看照片"就是卸下彼此心防的方式之一。而在对绘画感兴趣的群里发布个人作品，自带话题度，一定能引起大家的讨论，帮助彼此快速熟络，同时加强社群的活跃度。

三、交流和分享的规则

很多人都觉得，社群本身是一个比较自由和松散的组织形式，不需要设立太多的规则，更无法进行制度化管理，这其实是对社群的一种错误认识。

俗话说"没有规矩，不成方圆"，只要有人的地方，就一定要有规则的约束才能实现长久发展，不然人人都有自己的喜恶偏好，时间久了自然会产生分歧和摩擦，却没有一个可以依照的规则来判断对错，又怎么能让彼此服气呢？所以，社群的交流一定要提前设置好规则，严格的规矩约束只是在初期让成员牺牲一点自由，但长远来看对社群和成员的发展是有利无害的，尤其是对要持续运营、扩大规模的社群而言。

社群的交流规则需要寻找一种平衡，既让社群保持活跃度和生命力，又不至于造成迅速刷屏，使人丧失沟通兴趣。同时，还要引导大家多讲感兴趣的话题、少提及无用或令人生厌的信息，增加社群的吸引力。比如，一些行业交流群和学习群都是1000～2000人的大群，如果没有好的群规来规范大家的交流内容，每天上千人因为各种话题刷屏，自然会赶走那些想看社群核心信息的成员。

所以，设置交流规则时，掌握平衡很重要，这种平衡不是普适的，而要根据每个社群不同的定位进行调整。比如在生活社群里，往往禁止提及任何明星话题，因为涉及明星很容易引起"粉黑"纷争，而关注生活社群的成员往往不喜欢争吵，这会引发他们的恶感。但在娱乐社群中，相关话题就要多多益善，因为大家只关心这方面的信息。

社群的交流规则是交流的底线，也起到群氛围的引导作用。比如某个刊物的读者社群设置的群规则为"禁止谈论政治话题、色情内容，远离违法犯罪，严禁未经管理员许可发布广告，严惩群成员之间的人身攻击，拒绝转发无关公号文或拉票"，这就避免群内言论出现问题，也减少了刷广告、拉票等令人反感的行为，而严惩人身攻击则保障了群成员之间的交流和谐。

而设置群的分享规则，则分为"禁止"和"提倡"两方面。前面我们在讲交流规则时，涉及了一些禁止分享的内容，主要是跟社群无关的、容易引发成员争议或反感的内容，禁止这些分享能保障群内信息的高质量，保障社群对成员的吸引力。

而提倡的分享方式有很多种，都可以根据情况和适应性列入群规里。首先，是有一定经验和威望的"大佬"进行定期分享，比如群的管理者和运营者，定期将自己的经验分享给大家，开展定时的交流会。因为群的运营者名气较大，很多成员往往是慕名而来的，运营者的亲身分享具备极大吸引力，能让成员对群更有归属感和兴趣。除此之外，也可以邀请名人空降社群，在短时间内跟大家交流和分享，这也能促进群成员的关注度，保证群内信息的高质量。

其次，是群成员之间的相互分享，在行业群或者社群成员质量较高的群，就可以采取轮换制进行互相的经验分享。交通银行下属的某地区大群，成员会每周总结一次自己的工作经验，分享自己的心得并互相学习、讨论，一方面可以实现自身的总结和成长，另一方面也可以互相印证学习、查漏补缺，让好想法推广出去，同时也起到一定的监督作用。这种彼此分享的方式，永远不缺乏分享人，不仅让社群信息专业化，也能保持社群交流的活跃度，可谓一举多得。

而不管设置了怎样的交流和分享规则，能被大家关注并贯彻落实是最重要的，但问题也出在这里——很多人根本没有了解群规定，就加入了群，或者加群后并不阅读群规。

有的社群采取的是淘汰制，只要违反群规、不按规定行事，一律踢出。还有的社群会把交流和分享规则写在文章中，在入群时必须阅读。豆瓣小组是典型的例子，"炸厨房兴趣小组"将入群的暗号隐藏在群规则中，只有认真阅读完所有群规则，才能从中猜到入群暗号。有些入群规则要求严格的小组，甚至会把入群申请的方式隐藏得很深，引导申请者阅读很多次群规，直到滚瓜烂熟才能找到入群暗号。这就达到了让成员最大限度了解、学习社群规则的目的。

四、社群的淘汰规则

成员加入社群之后，往往需要时间沉淀筛选。一段时间后，总有一些成员变得不再活跃、逐渐淡出，对这些成员的淘汰就需要考虑到规则中，否则沉默的成员占据社群的位置却不活跃，会逐渐拖垮社群的生命力，让社群变成互联网坟墓。

一般来讲，淘汰规则比较简单，大多依据下面几种原则：

1. 人员定额，定期清理

社群的人员有一定的数量限制，一旦达到限制，就需要给新成员留出位置，清理出不常发言的潜水成员。一般按照群活跃度或者贡献度来进行排名，排名较低的成员被踢出，就保障了社群不断发展的生命力。

2. 设置规定，犯规清理

社群规则对成员行为进行了详细的约束，如果有成员仍然违反规定，影响到社群的正常运营和秩序，就需要进行一定的惩罚。惩罚强度因情况而异，有的是禁言数天，甚者则踢出。一般来说，踢出成员是比较严重的惩罚，会提前制定相关规则，并且给出宽容次数，比如第一次提醒、第二次警告、第三次踢出。

3. 成果或积分淘汰清理

按照社群成员的成果进行排名，或将成果转化为积分，量化之后进行排名，然后低位淘汰的制度，也是一种方式。这种方式一般出现在公司内部群或某些行业性较强的群里，成员之间有一定的竞争关系，这种淘汰方式能起到督促的效果。

总而言之，社群规则是一个社群能否良好发展的基础，也是社群营销能否成功的基石。只有制定适合的社群规则，社群才能扬帆起航，直入沧海。

第六节
掌握五大原则，有效经营社群

大部分社群是由有共同爱好或需求的人组成的，所以经营社群时，我们必须时刻将这一点放在心上，从成员的需求出发，去梳理社群经营的步骤。只有一个服务于成员的社群才有凝聚力，才能实现社群的有效扩张和转化。所以，从成员需求衍生出的五大经营核心可以总结为：

（1）经营的基础是凝聚粉丝力量。
（2）经营的重点是通过活动形式让粉丝参与。
（3）经营的关键是创办线下和线上的联动活动。
（4）经营的目标是打造核心社群。
（5）经营的终点是建设社群文化，沉淀社群用户。

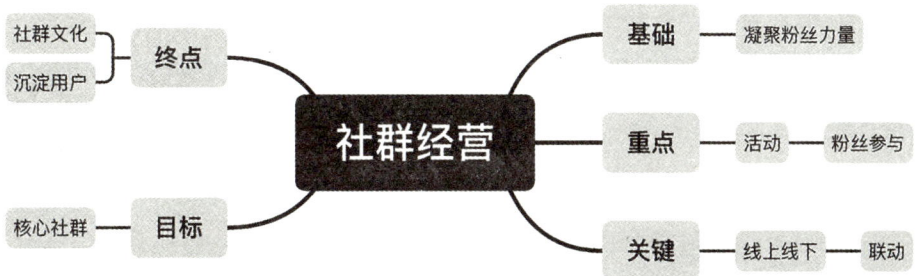

图2.3 社群经营的五大核心

一、粉丝的力量

首先，重视粉丝是经营社群的基础。以雷军和小米的成功为例，我们可以窥见从打造公司文化、粉丝文化到产品文化的过程和其中的关联性。在过去的时代，酒香不怕巷子深，企业可以单纯通过产品打开市场，但现在，产品和宣传必须两手抓、两手都要硬，产品的受关注度至关重要，而粉丝就是推出产品初期最好的盘口，承担着"消费者+宣传者+参与者"等多重身份责任。

相对于其他商业模式，社群本身就是最易于积累粉丝的，所以着眼于聚合粉丝，是经营社群的基础，也是第一大核心原则。互联网时代从电脑端走到移动端，从3G到5G，社群的发展特点也在不断改变。如果说最初的社群主要以QQ群、微信群等形式存在，目的是简单的人群聚集和信息传递，那么随着网络平台的复杂化和各领域的细分，社群的概念也脱离了简单的"人群聚合"，突出"兴趣"这一特点，变为有共同兴趣的陌生人之间的聚集，是"同好"之间的交流。由于兴趣点的不同，运营者也需要针对不同粉丝群体进行差异化的经营模式，才能让社群的独特性得到体现，让成员产生归属感。

此时的社群已经发展得较为成熟，而新一阶段的社群发展，不仅关注"人"的聚集，更着眼于连接一切，包括信息、服务、商品等，而连接这些的载体仍然是"人"，也就是我们所说的粉丝。

因此，粉丝是社群建设的第一核心，一切建设原则都围绕着粉丝的获取、维护和沉淀来出发，围绕粉丝建设的社群，也自然而然地会关注粉丝需求、兴趣，符合社群的本质。

仍然以小米为例，小米会在线上线下定时举办"米粉节"，在每年的成立日4月6日前后，都会通过米粉节回馈自己的用户。到现在，尽管小米公司已经成为国内首屈一指的科技公司，旗下产品覆盖了手机、电视、空调、洗衣机等多个领域，但是仍然会在小米商城以米粉节的形式让利、回馈粉丝，这就是一种粉丝经营。

二、策划让粉丝有参与感的活动

社群有了粉丝的参与，还要让粉丝对社群有认同感和参与感，才会有"我是群体一分子"的感受，所以策划好的活动可以提升粉丝的参与感。在策划活动的时候，要注意几个问题：

（1）明确活动的目的，预估活动的效果。

（2）给活动进行足够的宣传，保证活动信息传达给粉丝。

（3）活动中设置吸引粉丝的主题，让粉丝可以参与并充分互动。

（4）确定活动在线上或线下举办，进行对应的安排。

如果策划线下活动，主办方也要注意所选择场地的安全性、做好人数的估算和成本预案，保证整个活动有序进行，才能起到正面影响。

以网络游戏宣传为主的China Joy，全称为中国国际数码互动娱乐展览会，是中国最大的互动娱乐展之一，也是具备强粉丝性质的线下互动活动。在展览会上，各类游戏和动漫厂商会携带自己的产品及周边进行宣传，设置不同的展区和活动，方便产品和粉丝之间进行互动。在参与和互动中，粉丝不仅能了解感兴趣的游戏的最新动向，并进行最新的产品体验，还能通过对产业的深度了解，产生更强的参与感和归属感，建立更强的用户黏性。

举办这样类似的行业展览会活动，在强粉丝依赖性的行业内已经成为普遍现象。这其实就是社群经营的体现，也值得借鉴。

三、建立线上和线下的联动

就像我们所说的行业展览会，这些活动多半是线上和线下联动的——展览会的主题往往是在线上火热的项目，比如游戏、模型、盲盒、周边等文化类娱乐产品，它们在线上完成了粉丝的扩展和积累，然后在线下进行联动，达到沉淀粉丝的目的，让社群成员之间产生更强的连接感。

互联网给我们带来了便利，让人们可以足不出户认识全球各地的陌生人，并与兴趣相投的人成为朋友，这给了社群扩张的基础。但建立在互联网上的社群也有其弊端，相比于熟人社群，在线下并不认识的网络好友之间的信任度不够高，连接感也比较弱。而举办线下活动，就是打破这种陌生的方式，让两个在网络上互相认可的"同好"能够在线下认识，彼此之间的认同感会迅速上升。所以，线上线下联动，不仅能给社群成员带来惊喜感和参与感，更重要的是加强了彼此的长期信任。想要达成社群的商业转化，就必须先让消费者了解你，如果粉丝不能付出信任，也不了解你到底在做什么、有什么产品，就不算社群经营成功。

不同社群所处的领域和方向不同，文化气质与侧重点也不一样，所以线上线下的活动也是不同的。比如小米等科技类产品的粉丝社群，线下举办的见面会多半和产品发布结合在一起，品牌会在新产品举行发布会的时候，邀请粉丝群参与，粉丝也会因为自己能近距离接触最新的产品而感到激动。

而文化类产品的粉丝社群，线下活动经常跟文化产品符号有关，更重视互动意义。比如与棉花娃娃爱好相关的巡展，商家提供免费给娃娃化妆、充棉花、装骨架等服务，现场还可以体验新推出的娃娃衣服、新款娃娃等，这些都是文化产品符号相关的内容。

而以财经作家吴晓波的个人社群为例，这是从个人符号衍生出的社群，线下活动往往就与见面会有关。除此之外，该社群每年还会举办几百场线下活动，以不同兴趣小组为主题，相同兴趣的粉丝自主安排、举办聚会，目的是实现信息交流和共同成长，这又与吴晓波所倡导的理念不谋而合。

线下活动一定要从用户群体的文化气质出发，才能策划出让粉丝满意的活动。如果活动内容对粉丝而言索然无味，不能满足其需求，这种活动甚至会产生负面影响。

四、打造核心社群才能领跑整个群体

进行社群经营时，伴随着规模的增大，打造核心社群也势在必行。与核心社群相对应的是边缘社群，一般来讲，一个社群中的边缘群体会更多，他们游离于社群内外，参与度不一定高，转化率和黏性也相对较低，但好处是数量众多、体现社群的社会影响力，能帮助社群产生一定声量，达到宣传作用。

而核心社群则不同，成员往往深度参与社群活动，转化率和黏性比较高，数量虽然较少，但却是维持整个社群运转和发展的核心力量。进入核心社群往往需要门槛，一般是付费制或者邀请制，通过门槛设置也能筛选对社群最具有认同感的人，从而进行针对性的经营。

知乎网（以下简称知乎）平台最初就是以社群的方式进行运营的，在2013年，知乎开始开放注册，但在此前长达两年的时间里，知乎已经通过邀请注册制度积累了一批用户。邀请注册制的门槛较高，知乎完成了对核心用户素质的筛选，并通过这些用户的使用和反馈，逐步完善社区机制，培养知乎高知识含量的社区氛围，也积累出一批高质量的信息，这样，在开放注册之后，这些早期的邀请制用户都属于知乎的核心社群，他们能够不断输出高质量信息、对社区的认同度较高、有一定影响力、有活跃度，正是因为他们的存在，知乎才能形成属于自己的平台特色，并不断扩张。

而近些年，伴随着知乎平台的发展和壮大，核心社群的定义再次转型，知乎开始以付费制度的会员制筛选核心社群。在前期经过发展和沉淀之后，有大量知乎平台的用户有付费意愿，这类型用户又通过付费筛选进入知乎核心社群，享受普通用户没有的服务和福利。

五、沉淀用户，建设社群文化是诀窍

在社群概念已经逐步成熟的当下，除了要考虑如何扩张之外，留住用户也是我们在进行营销时需要思考的。

用户留存率决定了长期营销的效果，如果只能吸引用户，但不能长期留住用户，这种营销和投资就是低效率的。而互联网的用户存量竞争十分激烈，不同平台花样百出，只为了吸引用户将时间花在它们上面。社群要留下用户，就一定要突出自己的独特性，所以最终沉淀用户、吸引用户的，必然是突出的社群文化。

社群文化要带有自身魅力，还要有别于他人，有鲜明的特色最重要。这种特色可以是产品特色，可以是兴趣方向的特色，也可以是社群经营理念的特色，总之，社群文化是它能吸引人的魅力核心。社群文化有主流文化和亚文化两种，在

主流文化中，社群文化可能围绕着某一意见领袖存在，依靠个人魅力塑造文化，比如苹果的乔布斯、格力的董明珠、阿里巴巴的马云、华为的任正非等；社群文化也可能围绕着品牌本身来塑造，比如童年回忆卫龙辣条、网红二厂汽水等。而社群的亚文化衍生自主流文化，是主流文化的分支，比如社群成员自发的创造、社群组织的分级和裂变……亚文化的发展不如主流文化影响大，但能带来二级传播的效果。

比如，手机游戏"王者荣耀"的社群里，主流文化围绕着游戏品牌本身展开，游戏的玩家在论坛、社交平台上就游戏进行探讨。而从游戏衍生出大量的亚文化群体，比如角色形象的小说、插画等二次创作，高手玩家进行的游戏直播等，并依托一些优秀的二次创作者衍生出新的小社群圈子，产生二次裂变，最终反哺主流文化。

掌握这五大核心，社群经营才能走上正轨，并能将社群营销带来的流量真正沉淀并掌握在自己手中。

第七节
强化互动,延长社群生命力

在社群中,要做好跟粉丝的互动,需要从几个角度出发,才能吸引粉丝长期关注、延长社群的生命力。

图2.4 跟粉丝互动的角度

一、让粉丝产生参与感

社群中的互动,一定要让粉丝产生参与感,这是互动的根本目的。很多企业建立社群之后,只把这里当做发广告的地方,粉丝只能接收到信息,但跟品牌之间的互动非常弱,这就很难建立粉丝对品牌的感情。要取得好效果,就一定要将社群成员看做自己人,而不是传统意义上的消费者。社群营销的目的与其说是卖产品,不如说是卖服务,打感情牌的最好办法就是让粉丝从社群活动中感受到参与感。

　　与一些相对比较传统的企业不同，小米等新兴科技公司虽然是实体企业，但也具有浓厚的互联网属性，所以十分在意粉丝的影响，注重维护和粉丝之间的关系。这种企业风格的差异在生活中随处可以体会，比如一提起国产电器，很多人都会想到某传统名牌，但就算我们使用它的产品，也不会有人产生自己是该品牌粉丝的感受，而类似这样的公司也不会举办粉丝发布会等线下活动让顾客参与、与用户长期维持良好的关系。但小米就是具有强烈互联网属性的企业，粉丝经营也是业务当中的重头戏。

　　小米通过在线下举办米粉节等活动，成功将品牌的粉丝效应从线上延伸到了线下，这种线下活动可以让粉丝心中品牌的形象更加具象化，产生更强的品牌认同感和凝聚力，这就建立了品牌粉丝的黏性和忠诚度。这里我们就可以看出社群活动让粉丝产生参与感的重要性，而线下活动的成功举办需有成熟的线上活动经验作为铺垫。

　　小米的粉丝营销也是从线上沟通逐步铺垫转化的，当线上的粉丝效应已经形成了，线下才会有号召力，进而去沉淀线上累积的粉丝能量。小米在线上做粉丝营销的历史甚至比做产品还要早，在真正推出第一代产品之前就已经通过社群的经营模式积累了一部分忠实粉丝。

　　典型的例子就是，小米的UI概念系统比第一代手机发布时间还要早一年，而小米宣称自己的UI系统推广只花了1分钱。其推广手段充分利用了互联网的信息传播能力，公司的共同创始人黎万强在一开始就选择了最简单的推广方式，利用各种论坛的平台便利，灌水、发广告或雇佣水军宣传，最终找到了100个小米UI的体验者。而这些最早的体验者参与了UI系统的设计研发，通过他们使用之后反馈的经验，小米得以从客户的角度发现许多需要改进的问题，不断改善提高系统的实用性。而与用户近距离交流、改善产品的特色，也让小米逐渐建立了粉丝文化的雏形。

　　两年后，UI系统的粉丝逐渐从最初的100人增长到了1700多万人，小米不仅实现了社群用户的增长，也从虚拟的论坛逐步迈向实体产业。小米对粉丝文化的用心和维护可以从各种细节窥见，比如它趁机推出了自己的微电影《100个梦的赞助商》，就是为了致敬最初的百名用户，这部微电影不仅能体现小米的用户文化，也能打动米粉，大幅增强粉丝的凝聚力和认同感。当粉丝感觉自己参与了企业的成长，他们就会将企业的利益与自己的利益挂钩，希望企业可以发展得更好，而这就是社群转化的动力之一。

小米的粉丝当然不是被一部电影所打动，而是被电影背后所彰显的企业诚意感染。小米走粉丝路线经营，让粉丝参与到自己的产品研发中来，也感谢粉丝的付出，这些举动都能让粉丝感受到企业的诚意和自己与小米产品之间密切的联系。一旦建立了这种参与感和认同感，粉丝就会更乐于购买。

简单地说，就是因为小米的粉丝被重视，且品牌不断强调这一点，让品牌在粉丝眼里有了温度，才会有别于其他的品牌。

除了小米这种大品牌，现在网络上许多社群纷纷带货或直播的风潮，其实也是粉丝效应的体现。能够做好营销和社群转化的企业，无不重视建立粉丝的参与感。不管是设计各种活动，还是与群员一起建立各种打卡目标，本质上都是通过吸引群员的参与来加强他们与社群的联系，最终建立情感上的连接。这种情况下，互动时注重粉丝的参与感很重要。

二、满足粉丝的需求很重要

要长久地留住粉丝，就要注重满足粉丝的需求。在互动时，我们可以收集粉丝的想法，利用这种优势去分析从粉丝那里获得的信息，捕捉粉丝的需求。

小米在用户需求分析上，就一直做得很好。自2011年小米一代手机上市以来，小米手机的价格一直维持在较低水平，但是手机的性能并不低。因为在当时，人们不仅要求智能机有一定的功能性，也难以接受天价智能手机带来的经济负担。这一需求几乎成为所有消费者的痛点，但对手机厂商来说，"智能手机就是要贵"几乎成为一种默认的游戏法则，没有一款能解决痛点的产品存在。所以，当小米推出了物美价廉的手机时，立刻因为满足了绝大多数用户的需求，而在互联网上一炮而红。

与此类似，小米也推出了一系列智能家居产品，赢得人们喜爱的原因仍是那一个——满足了用户的需求。比如，智能家居时代的到来让人们产生了家用电器联网的需求。如果能用自己的手机远程控制家用电器，能解决很多生活中的不便。但市面上不是所有的电器都具备这种功能，而不同品牌还推出了自己专门的手机软件用于控制。人们既不可能为了智能家居的需求而换掉自己家正常使用的电器，也不方便在手机中下载这么多品牌的软件。

小米就针对这一需求推出了自己品牌的智能家居网络开关，实现了联网的电源控制和照明控制功能，解决了很多家用电器无法联网或品牌无法统一的问题。小米的智能网关就成为中国市场上占有量非常高的产品。

类似的情况，还有小米所推出的机顶盒。有线电视推出了机顶盒业务，人们就对电视和机顶盒的功能有了新需求：如果能把移动端与电视连在一起同步显示，我们就可以在大屏幕上看平板电脑上的内容了。要是电视也能联网了，不就可以在电视上刷到网络上的视频了吗？

小米就顺应人们当时的需求，推出了小米盒子。小米盒子中的"米联"功能实现了人们在电视上追网剧的需求，也可以让大家轻松地将自己的手机屏幕投影到电视上，一下子就将智能影音系统连接了起来。这在当时还是非常新的产品，所以很快得到了大家的认可，小米盒子以惊人的表现快速建立起良好的口碑。

可见，小米的产品一直都是在满足客户需求的道路上，一直注重社群中粉丝的意见。小米在和粉丝互动中获得的优质反馈，通过互动，小米了解了粉丝真正的想法，并提供符合粉丝需求的服务，达到良性的循环，实现商业增值。

此外，不仅要满足粉丝的需要，必要时还要做到创造需求，让粉丝满意。何谓需求创造？在粉丝的潜意识里，可能有这样的需求，但他们并不重视，或压根没有意识到。这时我们就要发挥主观能动性，从粉丝在互动中提供的信息里，分析他们的需求并主动提出，这就是"没有需求，也要创造需求"。这对社群营销有一个很大的好处，那就是领先地进入一个绝对的蓝海市场，在短时间内不用担心竞争对手，保持社群的独特之处。

创造需求并不是社群营销时代才有的话题，20世纪从事市场营销的人就已经发现了创造需求的秘密。比如，美国商人戈德曼用这一点创造了超市手推车。

20世纪30年代是美国的大萧条时代，一场闻名全球的经济危机席卷了这个国家，而经营超市的戈德曼也面临着商场倒闭的窘境。

此时，戈德曼发现美国人正在兴起一种新的购物习惯。当时冰箱正在市场上进行推广，几乎一半的美国家庭都在购买并使用冰箱。家有冰箱的家庭主妇，在超市购物时一般会买很多东西，她们可以将食物放在冰箱里延长保质期，就可以减少频繁的购物次数来减轻负担。

因此家庭主妇们每次购买的量增加了，又只能提着菜篮子，一旦购买的商品过多，行动就会变得非常困难。在这种情况下，大多数人的购物欲望都会削减，既然商品拿不动，大家就会减少购物的数量。

经营超市的戈德曼在思考，怎样能促使顾客增加自己的购物欲望呢？他想了想，只要能解决消费者提不动商品的问题，解放他们的双手，客户就能有更多的精力放在购物上，甚至可能会买超出自己计划的商品。基于这个可能的需求，戈德曼发明了一种在超市里使用的手推车。

但这个需求并不是由顾客自发产生的，而是戈德曼为大家创造的，所以一开始客户并不领情。人们都不愿意使用这个看上去跟婴儿车差不多的小车子，男人们觉得这样看起来太女性化了，而女人们则觉得这会让她们在超市购物时的行动变得更加不便。

戈德曼又想了一个创造需求的办法。他专门雇了几个推着手推车的模特，每天在超市里闲逛并假装购物。其他顾客因为有从众心理，就逐渐打消了使用手推车的别扭心态，还从中体会到了推车购物的方便。一旦有人打破了不愿意尝试的门槛，接下来的工作就变得简单许多。受从众心理影响的顾客主动推起了手推车，这种购物方式很快从美国流行到了全世界。

通过手推车的发明，戈德曼在当时赚了4亿美元。

虽然时代不同，但是道理是一样的，先于粉丝需求去创造需求，能让社群的特点更鲜明，让粉丝对社群的依赖性和认同感更强。

三、多收集粉丝感兴趣的话题

在社群互动中，一个重要的主题就是收集粉丝关注比较多的问题，针对这些问题进行相应的回答，让话题的中心始终围绕着粉丝的兴趣进行。这种情况下，能最大限度地调动粉丝的关注，所谈论的主题也能得到最大限度的转发。而在网络上这种转发可以形成多次传播，从而达到分享式推广的目的。

除了收集粉丝感兴趣的话题并进行回答，达到良好的互动之外，也可以鼓励粉丝对社群进行评价，并对粉丝的评价进行积极的转发和回复。以粉丝的身份加入社群，用户一定希望得到社群管理者的肯定和认可，当粉丝的评价被社群回复之后，他们能够感受到社群的重视，并由此产生一种认同感，和社群之间的关系也进一步拉近。而且好的评价相当于是粉丝对社群的认可，可以加深围观者对于社群的信任度，促进他们转化为新的粉丝和用户。

薄荷阅读APP在微信平台上通过社群式营销，达到了快速的用户增长。这是一款主打"每天10分钟轻松学英语"的读书品牌，在社群增长期推出了一款活动，用户只要每天完成10分钟的英语打卡任务，并将打卡的海报分享到自己的朋友圈，坚持足够的天数就可以获得社群为他们提供的英语书作为奖品。社群所提供的英语书往往都具有较大的吸引力，这就是粉丝所感兴趣的话题，而围绕着这个话题吸引用户进行分享和互动，不仅达到了传播和广告的效果，在坚持的互动中也能增强粉丝对品牌的认知和肯定，建立用户的使用习惯。

与薄荷阅读在不同领域发展的悦跑圈，也采用类似的方式来和粉丝形成互动。这一APP创立的时间并不早，但在跑步领域积累了不少用户。最开始，悦跑圈通过在线下组织马拉松赛事的方式来获得粉丝的认可，积累人气，同时可以建立自己在跑步领域的权威性和可信度。

转到线上之后，悦跑圈开始调研用户和粉丝真正关注的内容，准备从用户感兴趣的话题入手。在悦跑圈推出之前，市场上已经有了多款跑步软件，它们除了能记录跑步的相关信息，还有一些分享功能，比如可以添加好友、查看附近的人，或者将自己的运动轨迹分享到社交朋友圈，这些功能都立足于让用户反复使用自己的产品并宣传，而悦跑圈在进行用户调研之后，发现粉丝除了关注跑步信息之外，也非常乐于在线下参加马拉松赛事。但由于地域、时间等因素的限制，很多跑步爱好者都没办法成功报名赛事。

通过这一点进行切入，悦跑圈举办了线上马拉松的新玩法，马拉松可以不限赛事与地域，也不限场地，粉丝们只要能够选择好相应的项目，并在当天跑完，就可以在悦跑圈上下单相应的奖牌，获得马拉松赛事参与荣誉。这有别于其他APP，是与粉丝之间进行的特殊互动，大大增进了悦跑圈和粉丝之间的感情。

四、及时与粉丝进行交流

与粉丝互动的过程中有一个重要的点是，当粉丝面临问题的时候，要及时进行回复。社群经营是经营人与人之间的关系，每个人都希望自己的需求得到别人的重视，因此当粉丝表达自己的需求时，在社群互动中一定要予以关注，及时回复粉丝的评论或者建议，不仅能够从中获取重要的信息并改善自身的产品和服务，也能让粉丝感受到被重视，加强粉丝和社群之间的连接，提升粉丝的信任度和黏性。

回复粉丝的一些专业问题，也方便社群建立在这个领域的专业度和可信度。在小米的论坛上，工程师就需要回复用户的相关问题，在回复之后还会有评价机制，让粉丝来反馈该工程师的答案是否令人满意、是否足够专业。这种经营社群方式能让粉丝感受到春风一般的温暖，这样在他们选择同类产品的时候，就会优先考虑能进行有效回复、重视用户的品牌，也方便进行后续的售后服务。

第八节
扩张社群矩阵，众人拾柴火焰高

社群具有越大的体量，所能形成的影响就越广。在这种情况下，单打独斗有时会面临独木不成林的困扰，不如由多个社群组成一个矩阵，共同宣传、专业运营，效率更高而且流量更大，这就能实现众人拾柴火焰高的效果。

要做到这一点，首先要稳步扩大社群的规模，其次就是要构建一个专业的线上运营团队。

一、扩大规模的要点

谁都想扩大社群的规模，但这个过程绝不是一帆风顺的。社群的体量越大，所面临的经营管理问题就越多，所以社群扩张的过程中一定要稳扎稳打，绝不能贪功冒进。俗话说一口吃不成一个胖子，做好万全的准备，社群才能在扩大规模之后仍然得到稳定的运营。

扩大规模有两个要点，首先是人力不可或缺。我们前面说过，社群考验的是人与人之间的连接和关系，社群中的人力资源非常重要，不管是管理者还是优质的参与者，都是可遇而不可求的。所以想要扩大社群的规模，一定要先储备好优质的管理者，只有准备好足够的人手，可以管理更大的社群，社群扩张才有可能性。

对淘宝网店有所了解的人一定知道"爆单"的后果。爆单就是一个淘宝店在短时间内涌入大量流量，所产生的订单超过了其运营上限。虽然订单多代表生意好，但很多店主不希望爆单，因为爆单会导致店家短时间内可能不能按期发货和进行售后服务，随之而来的就是顾客的差评。一个没有足够人手去应对就贸然扩张的社群，面临的后果就像淘宝店爆单一样，很可能会得到粉丝的差评，产生不良后果。

从这一点看，人力资源对于社群的重要性不可忽略，社群运营的一个重要方面就是运营人才，能够挑选合适的人担任合适的岗位，一个社群的管理才能长时间稳定保持高水准，建立自己的口碑。所以，很多社群在扩张时所面临的瓶颈问题，就是缺乏足够的人才。

国内一知名保险企业曾经建立过内部培训的打卡群，其人数最多的时候有5万~6万名群成员。为了管理这么多人，设立了超过200名管理员，临时管理员也有200多名。如果没有一个合适的管理机制运行，一旦出现问题，仅仅是通知几百名管理员就需要花费大量的精力，而群成员与管理员之间复杂的关系更容易成为社群运营当中的隐患。

所以社群管理也是一件专业的事情，需要专业的人来做。

其次，一个社群要扩大规模，就一定要建立属于自己的独特社群文化。我们在互联网时代虽然重视宣传，但也会不断强调，好的产品才是硬实力。对于社群来说，独特的文化就是社群的好产品之一，代表社群不可取代的硬实力。

如果社群不能够建立属于自己的文化符号，那就意味着可替代性很强，用户既可以待在这个社群，也可以进入其他的社群，难免会有食之无味，弃之可惜的鸡肋感。同样，文化符号不够鲜明，也会让社群的组织变得松散，用户对社群的认可度不够高，自然不会形成强大的凝聚力。所以社群的文化就是整个社群的软实力，不要认为社群文化不能够直接变现就忽视它。

一个社群的文化可以由下面这几点来构成：

1. 社群的价值观

一个优秀的社群里，成员的价值观往往趋同，对事情的看法有着类似的见解，这样才能达成和谐的讨论。比如一个企业的营销培训群，大家对于该企业的营销方式是否认可、更愿意在哪些途径投入时间和精力进行营销，这些选择都是反映社群价值观的。如果大家的价值观不同，在做决断的时候就会产生分歧，这就可能引发一些矛盾和问题。

2. 社群对于产品的态度

文化是一种软实力，而产品就是硬实力，社群文化是围绕着产品衍生的，社群成员对于产品的不同认知决定了社群能不能扩大规模。比如，一个玩偶DIY爱好者社群，大家对于玩偶的分类和制作有自己不同的认识，对未来的市场发展也有不同打算，有的人坚守手工工艺，有的人想要推行工厂化的流水线制作，这种对产品的不同认识和定位，会导致他们在未来将走向不同的方向，很难建立一个统一完整的大社群。

3. 社群的仪式感

仪式感是区别某一些人和其他人的标志，在社群中建立仪式感，能够非常快速地树立社群的文化气质，让成员感受到社群的特点。在豆瓣的一些小组中，小组成员有独特的口癖，说话时有自己明显的风格，这种特殊的聊天语气，让他们能快速分辨哪些是自己人，哪些是小组之外的人，从而产生内外之别，用这种仪式感加深对社群的认同和凝聚力。

4. 社群的规定

社群的规定是决定社群能够运行的基本原则。一个群的规定可以简单，但一定要在执行时有效力，不姑息违反规定的群成员，该警告的警告，该禁言的禁言，对于累犯也可踢出群。一个好的群规可以引导健康的文化风向。

从这几个方面出发，可以建设独属于社群的特殊文化，让社群的软实力得到提升，为社群扩张奠定良好的基础。

二、构建专业的线上运营团队

要形成社群矩阵，就意味着要管理的不再只是某一个社群，而是非常庞大的用户资源，构建一个专业的线上运营团队才能使社群矩阵得到良好发展。现代社会讲求众人拾柴火焰高，让专业的人去做专业的事，组成一个专业的团队一起奋斗，才能将个人价值最大化展现出来，最终实现自我并超越自我。社群的运营最终还是要归结于团队合作，不是某一人或者几个人能够完成的任务，想要实现社群矩阵，达成社群的高效裂变，就必须有一个团队在背后进行支撑。构建运营团队有三个原则。第一原则是，这个团队的建设必须要有成熟的框架和管理模式。在前面我们讲社群成员成分的时候，是用"管理者"这个词汇匆匆带过。但当社群矩阵当中的管理团队拥有了庞大的人员组成时，就意味着管理者也会分层级。

一般来讲，社群的管理会有中心化和去中心化两种模式，中心化的管理采用的是传统的金字塔结构，层级相对明显，下层的管理者服从来自上层管理者下达的指示，最终一层层去落实来自领导者的意见。而去中心化的管理者采用的是平行结构，领导者是聚焦的核心，其他的管理者各自连接自己所属的资源，彼此之间没有从属关系，活动相对自主，要承担的责任也较大。在这种平行的结构下，领导者不一定直接参与管理，但他的一言一行对社群的影响更深。

在选择管理模式时，最好的框架是结合中心化和去中心化的管理结构，因地制宜解决社群所遇到的问题。在前期可以进行中心化管理，社群的创始人或管理员，在群活动当中要积极参与，主导整个群的发展，确保社群走在规划好的发展方向上。

进入中期以后，社群的规模开始逐渐扩大，创始人和管理员无法面面俱到地管理整个社群的细节，管理者可以把握社群运营的大方向，同时鼓励用户进行自我创作和自由合作。比如豆瓣平台，是由成百上千个小社群组成的大社群，豆瓣官方会经常制造一些话题来鼓励用户参与，活跃整个平台的氛围，但并不插手每个小组的独立运行，而是鼓励用户自行创建小组，并找到自己感兴趣的方向。

进入后期就需要把握好中心化和去中心化的平衡。如果一个社群的运营过度中心化，很容易出现管理架构冗余的问题，下层管理者也会过度依赖来自中心管理者的意见，社群的发展维系在少部分人手中，一旦这些人决策失误，就可能打击社群的正常运营。但一个社群如果过度去中心化，就很难进行统一的管理，使得整个社群规模虽大，但管理混乱，很可能造成无法掌控的后果，最终导致分裂。所以在运营社群的时候，一定要注意把握其中的平衡，这也是很多大的社群面临的运营问题。

第二原则是，构建专业的运营团队，也要注意血液更新。只有不断有新成员加入，一个社群才能保持团队的活力。一个大社群的管理者可能有多种身份，专业的管理团队不等于所有人员都是全职的专业员工，吸纳兼职管理者进行社群运营是很常见的情况。这样不稳定的身份意味着社群必须要进行频繁的管理员迭代，不断吸纳新鲜血液加入其中，才能不断保持社群管理的活力。

大多数的社群线上运营人员都需要有以下几个特点：

（1）具有足够的耐心和责任心，才能够处理好所遇到的琐碎问题。

（2）能够保持公正，有自我约束能力，才能执行好社群的相关规定。

（3）拥有充裕的时间用于社群的运营。

（4）对网络热点有一定的敏锐度，熟悉当下的网络用语，才能保持管理组织的活力。

（5）有良好的表达能力，善于与别人沟通。

（6）有能力进行心态上的自我调节，可以消化压力和问题。

第三原则是，社群的管理团队一定要定期进行复盘和自我审视，不断更新自己的管理模式，同时培训好新加入的管理成员。只有这样，社群管理才能与时俱进，始终保持着高效率和专业性。

选择适合自己社群的管理模式，才能够承担扩张社群之后，建立矩阵所带来的管理压力。只有做好这些准备，才能放心去建设矩阵，实现社群的快速裂变。

第三章

社群营销："小而美"撬动大流量

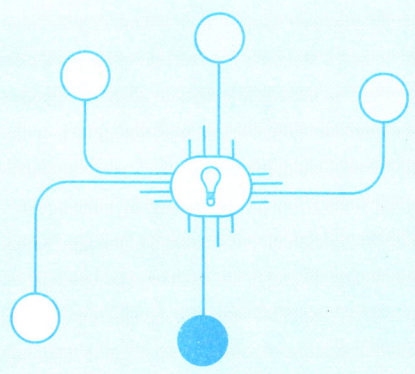

社群营销最大的优点就是依托于互联网，传播便利、形式灵活、成本低廉，相对于传统的营销方式而言，更加"小而美"，反而能撬动大流量。但在进行社群营销时，也要格外注意根据社群成员的喜好趋向、人员组成来进行对应的营销，才能让投入得到高效转化。根据社群成员的喜好和整个社群的管理模式因地制宜地制订方案，才能真正发挥社群营销的灵活优势，进而高效转化，使营销成为新的成功案例。

第一节
明确社群目标，让营销方向聚焦

社群营销的重点就是垂直。在谈论社群营销的时候，我们说它最大的特点就是"小而美"，营销的方向很精准、手段非常细致，能花较少的成本撬动较大的流量，进而达到四两拨千斤的效果，但这意味着在一开始就要找好方向。社群是垂直领域发展的，明确社群的发展方向和目标，知道这个社群的存在是要做什么，这样在进行营销的时候将目光聚焦在相对应的、具有针对性的方法上，才不至于走错了路。

社群不是简单地将人汇集在一起，而一定是基于某一定位而存在，为了达成某一目标而进行营销。

一、基于经济目标的社群营销

什么是"基于经济目标"？很简单，就是变现。我们要变现的产品可以不拘泥于实体货物，不管是产品还是服务、会员、智力成果，都可以作为需要变现的产物。只要为了"卖货"建立的社群，最好的社群营销就是能给成员带来良好的服务。这种服务可以是细致的售后保障，也可以是源源不断的内部折扣，又或者是吸纳群员的意见对产品进行改进，这些服务都能获得群员的满意度，从而让他们产生多次购买或宣传的欲望。

例如，在汉服爱好者的小圈子里，有许多汉服商家会建立官方的QQ群或微信群，每当推出新品前，都会提前在群中进行预告。这些新品在打样和改进的过程中，商家会不断给大家发布打样的效果，征求群员的反馈，根据群员提出的意见进行进一步修改，最终成型才正式发布。这个过程就加强了群员和商家之间的情感联络，提升了群员的参与感，同时还让商家获得了来自用户的第一手反馈资料，可以更好地改进产品。最重要的是这是一种有效的营销，不仅能让群员亲身感受到来自商家细致的售前和售后服务，在较长的准备周期里也能在群员面前"刷存在感"，使他们有时间帮助商家拉新并传播关于产品的消息。

这样的群还承担着购买答疑和售后服务的功能，及时更新信息、细致全面地回复大家的疑问，是基于经济目标的社群需要注意的营销细节。本质上这也是将销售产品和提供服务的过程通过社群的方式落实，要建立好的商品口碑，就一定要重视这些。

二、基于人脉发展的社群营销

还有一些社群营销的目的是发展人脉，最典型的就是各种行业群。为了发展人脉而建立的社群，在营销时一定要注意自身的定位，因为社群内能吸纳的成员数量有限，每一个位置都要留给有意义的人脉，要能让社群建立出良好的人脉圈和生态链，而不是吸纳各种各样的成员却只能是一盘散沙。

举个简单的例子，某编剧群想有效扩大群规模、掌握行业内更多人脉，不仅在编剧圈发布声明欢迎各位专业编剧加入，也通过群成员自己的关系介绍了许多投资人、制片人。虽然投资人本身并不是编剧，但却是编剧创作出的产品的甲方。编剧加行业群的目的，除了和同行探讨剧本经验，更重要的还是将自己手中的剧本变现和出售，所以有投资人和制片人所在的编剧群反而更吸引人。

因此，该编剧群的发展规则明确要求：

（1）加入者必须上传证明自己身份的专业资料，尤其是资方，需要得到群主审核后再发布需求。

（2）编剧进群需要交纳××元入群费。

（3）资方、制片人进群免费，能介绍资方入群的编剧免入群费。

这样的群，即使编剧进群需要交纳一定的门槛费用，也能形成吸引力。精准定位，抓住了成员的需求和想法，形成良好的生态链条之后，社群营销就变得简单了许多。

三、基于兴趣的社群营销

基于兴趣的社群营销一定要建立强大的同伴效应。跑步、学英语、绘画、读书……人们加入这些兴趣社群，除了想跟同好进行交流，也是为了获得同伴的支持、建立坚持的习惯。所以，构建兴趣学习类的社群，一定要建立有生命力的同伴圈，让所有爱好者能相互打气、相互监督，激发彼此对兴趣的坚持和积极性，这才能满足社群成员的情感需求。

而这样的社群在营销时，一定要把同好效应放大到极致。

薄荷阅读上线之后，就推出过许多期"百日训练营"活动，参与者要在100天内阅读完四本英文名著，并按时完成打卡任务，如果能坚持满100天，学费全部退还，相当于免费获得了四本名著。打卡时，学员需要将海报分享到朋友圈内，这就形成了利用朋友圈进行宣传的营销效果，而且聚拢来有相同兴趣的学员一起坚持，在社群内就形成了良好的学习氛围。

这种同好效应能让兴趣社群的营销效果加速。所以，薄荷阅读的社群在经营时会着重加强同好效应，每天都按照进度，对英文名著的某一部分进行拆解分析，带领学员一同推进，极大吸引了有相同英语学习兴趣和需求的人。

与之类似的兴趣社群在营销时，一定要建立有兴趣气氛的圈子，让同伴在社群内形成相互鼓励、相互打气和相互监督的积极关系。进行打卡活动并分享每日进度，不仅可以调动积极性、活跃社群，也能起到非常好的传播效果。

四、基于品牌塑造的社群营销

基于品牌塑造的社群营销，一定要根据品牌所提供的产品或服务品类进行有针对性的营销，目的不仅是短时间内增加销量，更要加深品牌在消费者群体中的认知，加强口碑塑造，让品牌得到积淀。所以，跟单纯的卖货营销不同，要塑造品牌的社群在营销时一定要跟用户建立起情感链接，让用户尽可能地了解品牌的文化定位、认可品牌的发展路线等。

怎样才是品牌社群的营销方向？不是着眼于短时间内卖了多少货，而是让用户谈起品牌时，能产生"我就认可××家的产品，不用多想，买就完了"这样的想法。也许从短时间内，需要进行让利销售或积极的耕耘投入，但从长时间看，品牌认知得到提升给品牌带来的利润是更可观的。

在2021年天猫的"双11"活动中，"逐本"卸妆油在淘宝旗舰店的预售额突破1.2亿元，其中就有某主播在一个半小时内爆卖了113万件。逐本主攻的营销方向是主播、淘宝C店的粉丝社群，依托互联网头部带货主播的影响力和淘宝C店原本的粉丝积累，传递自身的品牌理念——"天然，诚实，疗愈，平衡"。逐本愿意在活动中大幅让利给消费者，传达出品牌"即使短期不赚钱，也要把芳疗护肤的理念推广出去"的态度，这就是一种对品牌口碑、文化定位的塑造。现在，逐本俨然成为了国产卸妆产品的头部品牌，也获得了许多消费者的认可。

社群的运营目标是营销的出发点，在制定社群营销方案时一定要将运营目的想清楚，这样才能形成闭环的社群商业规划。一个社群的长久蓬勃发展必须建立在多赢的基础上，只有满足不同成员的价值需求，又能让社群的运营者达到回报目标，才能进入良性循环中，最终形成独特的社群生态。

所以，社群的营销结果不能完全利己，也不能过分利他，必须要掌握好平衡，这是在营销初期就要建立的思维。社群营销就像盖楼，群的体量增长越大，楼房的搭建就越完整，而社群目标的选取就是搭建地基。如果在营销之前没有确定好目标，就像盖楼没有选好地基，到时候社群建设越完整，想修改地基就越困难，所以在营销之前一定要先搞清楚社群的基调。只有明确社群的目标，营销方向才能聚焦，让时间和精力用在正确的地方。

第二节
以产品为核心进行营销

进行社群营销时,具有针对性是设定营销方案的要点。维持良好的社群运营,可以保证营销的基本盘,但社群营销的效果还是要看我们制定出的方案是否适宜,这就涉及是否贴合产品内容的问题。

一、社群营销,要突出产品的"杀手级痛点"

何谓突出"杀手级痛点"?就是在进行社群营销时,找到产品中那些能够抓人眼球的点,最好是能让用户产生"这个产品不可替代"想法的点,针对这个特色进行营销。

如果我们在宣传时无法把握这样的要点,营销时的转化率就会降低,这样的产品在营销时所具备的潜力也不足,即便在社群中进行大力宣传,也很难打造产品爆款。所以我们在进行社群营销时,一定要注意突出产品最有杀伤力的特色,以点带面,撬动市场。

举几个简单例子,"趁早"社群的杀手级痛点就是把握了许多人迫切想要改变生活状态的心情,因此推出了两个社群活动主题,分别是"跑步"和"读书",突出"做任何事情都要趁早"的概念,精准击中了这类用户的痛点和需求;十点读书会和樊登读书会等,将聚焦点放在"读书"上,突出的是在繁忙的工作和生活之余,如何在短时间内尽量多地阅读书籍;秋叶PPT之类的专业社群,则抓住了一部分人对PPT等职场工具的学习和使用需求,给他们提供交流、学习的环境,聚焦了自己的核心用户群。

由此可见,在做社群营销的时候一定要从产品内容出发,抓住杀手级痛点进行宣传和设计,对特定目标进行有针对性、有取舍的营销。

怎样找到产品真正的杀手级痛点进行营销呢?就是找出人们真正的刚需,然后根据需求标定特殊的人群画像。人们的需求往往是隐含的,并不显露出来,但通过对产品的调研和用户的了解,我们能从中发掘出这些关键点。

在美国有一家从事硬件制造的公司,创始人卡梅隆偶然发现了生活中可能被大家忽视的问题——室内臭虫难以清除。卡梅隆听到自己的邻居抱怨,总是有小小的臭虫通过各种缝隙钻进房间里,很快便在屋子里泛滥成灾。就算使用杀虫剂,这些烦人的小东西也很快可以卷土重来。卡梅隆产生了思考,难道就没有可以完美解决臭虫的方法吗?他从搜索引擎的数据进行了调研,发现这是一个人所共有的困扰,每个月都有11万人在谷歌上搜索如何消除臭虫。

这就是一个还没有被大家重视并解决的杀手级痛点。所有人都知道臭虫令人讨厌,也有彻底清除臭虫的需求,但从企业的角度并没有多少人真正将它重视起来,商人们并不明白小小的臭虫能带来多少利润。卡梅隆看到了蓝海中的商机,和自己的邻居一起成立了一家以消除臭虫为目的的公司,他们开发出了一种可以进行高温加热的产品,放在衣柜或者行李箱里面,就可以无污染地消除臭虫。而且,这种产品并不会损害人们的衣服或家具,在当时几乎完美地满足了人们的需求。

通过这个例子,你就会发现找到产品杀手级痛点的重要性,而在社群营销里,我们要突出的就是痛点,痛点即为重点,是能吸引社群用户并实现变现的关键。

二、注意收集产品的改进意见

社群营销是一种互动性非常强的营销方式。伴随着互联网的发展,企业营销正在逐步拉近和用户之间的距离。在电视购物时代,品牌只需要在电视上投放广告，就可以达到铺开宣传的目的，并不需要跟用户进行直接交流，进入网络购物时代，宣传变得更加复杂和深入，不管是社群营销还是达人宣传，都需要直面用户，跟用户进行交流、收集他们的反馈意见。

与其他营销手段比，社群营销是格外注重"人情"和"氛围"的一种经营方式，所以更要注意在营销时收集用户的产品改进意见，这不仅能够传达对用户的重视、革新产品解决问题，还能促进跟用户的交流、加强用户对品牌和产品的认可度。前者能够加强品牌的口碑塑造，不管是提升产品质量还是虚心接受用户的意见，都能从细小之处帮助塑造品牌的形象，维持品牌在用户口中的好评，后者则能加强用户的黏性。

在实践时，可从以下几个要点出发：

1. 尽量扩展用户的反馈渠道

在过去，最容易造成品牌口碑崩塌的事件就是售后服务不到位、反馈意见找不到人，而互联网时代通信发达，品牌必须避免这样的问题，真正给用户留出提意见的反馈渠道，让用户真正感受到自己得到了重视，才能形成正面的口碑效应。丰富的反馈渠道可以从多个平台建立，比如企业微信、微信群、QQ群、品牌论坛等，这样用户可以随时反馈，也能感受到企业的诚意。

2. 快速回应用户的反馈意见

当用户提出了意见时，不管产品是否能立刻改进，都需要让用户意识到他们的意见"被看到"，这能让他们最直接地感受到被品牌重视，也能产生参与感和认同感。社群营销的时代，不怕用户提意见，就怕用户连提意见的时间都不愿留给你。所以，一定要做好意见的回应，一旦用户有了反馈，积极、快速给出回应，是突显社群营销专业性和品牌责任心的方式。

如果用户的意见已经有相对应的解决办法，则要进行耐心地引导，让用户能发现；如果没有解决办法，一定要归纳相关问题之后，尽快进行处理和改进，让产品能进一步完善。即便不能在短时间内解决问题，存在一定的困难性，也要跟用户解释并进行合理的后续服务，尤其是对有建设性的意见，一定要虚心采纳并表示重视。

只有看重用户，用户才会看重品牌。

三、营销时要提升用户的参与度

前面我们说过，和传统的营销渠道相比，社群营销最大的特点和优势就是跟用户之间的距离更近。如何利用这种距离去营销产品成为一种技巧。在根据产品内容进行营销时，可以让用户参与到产品内容的设计过程中来，并把这一点当做我们营销的一个环节，这不仅能提升用户的参与度，让参与进来的用户产生更强的认同感和荣誉感，也能营销塑造品牌的口碑，让更广阔的潜在用户群体看到品牌的用心。

比如，某品牌自主设计盲盒时，就提前经营了千人粉丝群，在盲盒开模打样的阶段，通过群投票等方式征集粉丝的反馈意见，并根据大家的意见对盲盒玩具的外观进行修改，最终产品在5个月之后成型。经过这样漫长的等待，粉丝并不觉得不耐烦，反而产生了一种"看着娃娃一点点成型，还参与了设计，感觉就像自己的孩子一样"的心情。当用户参与到设计的过程中，他们对产品的缺点就会有更强的包容心，还会自发进行宣传和维护。与此同时，这也可以成为品牌的一个特色，吸引更多用户的关注和青睐。

每种产品都有自己的特点，根据产品内容的差异，设计针对性的营销方案很重要。社群营销直接面向用户，成本低、裂变快，但不代表经营起来不需要用心，反而需要更灵活的操作、更深入的行业调查，才能抓住用户的心。

第三节
根据社群人员推广营销方案

对有的社群经营者而言,制定营销方案并不是最难的,如何推广才是一个难题。宣传是任何营销方式的一道坎,在信息时代,渠道商的重要性不言而喻,就是因为他们掌握着用户的对接宣传渠道,是营销的"最后一公里"。而社群营销恰好就占据了这样一个优势——社群本身,就是自己的渠道商,掌握着大量的用户信息。关键在于,如何运用好这一信息。

根据社群人员的不同,营销方案的推广也各有特点。

图3.1 社群成员在营销推广中的定位

一、群主通过号召力发动推广

群主就是社群的灵魂人物。有些品牌虽然没有实际意义上的社群,但具备社群的特点,比如苹果的一系列产品吸引了无数"果粉",果粉在各大论坛上讨论与苹果产品相关的话题，就形成了一个个小社群，而他们的"群主"就是乔布斯，这是苹果产品的核心创始者、品牌的灵魂人物，不管是他的个人魅力还是传奇经历，都足以吸引粉丝，聚集人气。因此，当乔布斯作为苹果的掌权人发言时，他就具备独特的号召力，这是任何CEO都无法取代的，他的号召力就是苹果产品有力的推广，可以引动粉丝自发对产品进行宣传和购买。

群主就是这样的人物。美食大V"日食记"带动的粉丝社群就围绕着日食记的账号，其发布的每个视频中提及的美食，都能引发粉丝的购买热潮，这就是群主式的宣传和影响力，在社群中是独特而无可取代的。与之类似的还有微博红人李子柒等，在他们的用户社群里，这些账号或个人具备独特的个人魅力和号召力，能聚集忠诚用户并转化购买力，还能得到用户的长期支持。

二、鼓励核心用户进行分享和推广

在社群营销中，核心用户既是我们推广营销的对象，也可以成为我们营销过程的一环，只要做好激励计划，也可以鼓励核心用户帮助推广产品。

在小红书这个大型社区类APP中，许多国产美妆品牌都会通过向核心用户赠送美妆产品的方式，进行撒网式推广。比如"完美日记"会向有一定粉丝量的博主赠送自己的新品，请她们免费试用，而博主在使用之后，往往会拍摄一期视频或者图文内容，对完美日记的新品进行点评，这些评价都增加了完美日记在小红书社区中的知名度和存在感，达到了在更多潜在用户面前"刷脸"的目的。其中的好评，还能吸引更多人消费。

这种营销方式就是通过维护核心用户、进行适度的物质或精神激励，让核心用户协助成为推广者，达到推广营销的裂变，用较小的成本实现广泛的讨论度。一个更典型的例子是现在游戏社区的各类活动，如网易"阴阳师"游戏每年举行的"大触觉醒"社区活动，鼓励用户在游戏社区或微博、LOFTER等社区创作自己的插画、动画、角色设计或手办等衍生产品，通过二次创作参加比赛并获得奖金。游戏借助这些资深用户的二次创作，吸引了关注和热度，延续自己的生命。

鼓励核心用户进行创作推广的方式，是一种以小博大的营销，能达到快速的裂变和较高讨论度，资金和精力投入成本也比较低，但对核心用户的水平和产品本身的话题度有一定要求，核心用户水平越高、产品越吸引人，这种营销方式起到的效果越好。

三、营销过程中筛选种子用户

推广营销时，还有一个重点是通过这个过程筛选种子用户。不管是做什么产品，我们在获取用户的初期都是采取"广泛撒网"的方式，考虑的是尽可能地吸引用户和订阅人数，但这里面有许多人并不是社群的目标客户，这就需要在营销过程中进行进一步筛选，从这些初级用户里筛选出种子用户。

比如，很多公众号的订阅用户都是通过扫码关注赢奖品的活动获取的，这些用户的组成比较复杂，很多人只是暂时关注，随时可能会"取关"，与产品的黏性也不高，所以在吸取这些用户以后，我们必须要进行针对性的推送营销，通过垂直度高的内容推送留住感兴趣的种子用户，也清洗掉并非我们营销目标的用户。

筛选种子用户的过程一定会"掉粉"，但这对建立一个更高效、架构更明确的社群有益无害。种子用户能够在后续的社群裂变中起到非常重要的作用，所以我们要将有限的精力优先投入到种子用户的维系上，"广撒网"之后进行"重点捞鱼"，而不是只抓住用户数量不放。

1. 通过优质内容推送进行筛选

在筛选种子用户的初期，主要就是通过输送优质的内容对用户进行测试，这也是我们试运营的过程。

社群需要定期输送给用户他们需要的优质信息，才能让用户和社群之间的黏性更强，加强用户的认可和活跃度。这是对老用户的作用，而推送信息对新用户来说更多地起到"试探"的作用，试探新用户的喜好和兴趣，如果用户对你所营销的领域感兴趣，自然会重视你推送的优质信息，从而逐步被转化为种子用户。与之相反，如果他们不是目标群体，就会通过这些推送被筛选掉。初期阶段的用户获取很迅速，用户流失也很快，但这就像大浪淘沙，留下的种子用户对你来说才是真正的黄金。

2. 与种子用户进行深度互动和培育

大浪淘沙之后，留下的种子用户都是潜在的优质客户，我们要通过各种核心社群来进行管理，跟用户进行深度互动。互动不仅可以了解用户需求，也能从中得到用户认可，增加种子用户的黏性，这就是培育用户的过程。

在这个过程中，通过好的服务和内容与产品输出，输送品牌优质的形象至关重要。只有先建立一群有认同感的种子用户的支持，社群才能实现裂变，这些用户才能为我们带来更多资源，让社群营销可以推广出去。

所以，制定营销方案的时候一定要根据不同的社群人员定位进行精准操作，对不同社群成员的营销侧重点都不同，有的成员可以成为营销计划中重要的一环，有的则成为营销的对象，这些都需要在社群营销方案中得到体现和区分。

第四节
抓住时势,"快、准、狠"地营销

雷军曾经说过一句话,"猪站在风口上都能飞起来",这大概就是"时势造英雄"的另一种说法。从传播学角度来讲正是如此,能够借势而行往往可以乘风起飞,让信息传播爆发增长。所以,社群营销一定要把握传播学的规律,在关键时刻抓住时势进行营销,方能起到事半功倍的效果。

2021年天猫"双11"之前,某头部主播制作了一档简单的综艺节目《所有女生的offer》,将他们团队为双11直播准备选品、与甲方谈判的过程拍摄并发布出来。这档综艺节目虽然剧情简单,但主题新颖,内容贴合双11期间消费者的关注点,主播团队的工作又是很多普通观众感兴趣却不了解的,所以一下子吸引了很多观众。在节目中,主播带领团队成员与甲方进行"砍价",你来我往、兵不血刃,厮杀得十分热闹,借助该节目,主播为粉丝拿到了极低的产品价格,甲方也借机向观众展示了各自独特的风格和服务于消费者的诚意,相当于请主播带货之余还进行了一次综艺广告植入,消费者不仅满足了对主播工作的好奇心,也得到了便宜的产品,可谓多赢。

最终,在双11预售的第一天,该主播就以超过百亿的销售额稳居主播第一位,同时获得了更多粉丝的信任和拥戴。可以说,这就是一次抓住时势的社群营销,甚至不仅局限于直播生态下的粉丝社群,而是一次面向大众的"出圈"营销。如果没有天猫双11活动的风口，不管是谁的综艺和直播节目都不会吸引这么多关注。因此，抓住时机，找准各方的关注点，全力以赴，"快、准、狠"三字是营销成功的原因。

图3.2　决战双11优惠促销海报

作为一次十分典型的破圈营销范例，从2021年双11宣传期间头部主播的一系列操作，可以让社群经营者意识到抓住时势的重要性。

一、借助时势，出手一定要快

社群营销要掌握时机，就一定要掌握出手"快"的秘诀。"快"并不是指越早越好，而是在时机到来的关键点反应迅速。如果出手太早，可能还没有起势，社群营销需要的热点土壤还没成熟，太早入场产生的效果不佳；如果出手太晚，则免不了被别人摘了桃子，在第二波乃至第N波入场，失去了流量的青睐和效果。

所以，借助时势进行社群营销，必须要对市场有灵敏的探查力和热点嗅觉，对有爆发潜力的新闻或活动进行提前调研和锁定，这样就可以提前制定好社群的活动方案与规划，在相应的爆发点推动社群"动起来"，借外界的热点东风来助推社群营销。

2015年年底，在短视频时代将到来的时期，一个以"上海话×英语"为主题的吐槽类短视频在网络上火爆起来。充满喜剧色彩的表达、令人感同身受的生活化吐槽内容，让这个账号的主人"papi酱"快速为人所知。papi酱的个人公众号在运营四个月内就快速达到了涨粉上千万的成就，成为2016年不可忽视的现象级网红，吸引了"逻辑思维"的主讲人罗振宇注资，成为短视频时代的受益者之一。

papi酱的成功依赖于网红经济，而根植于粉丝社群，从她的成功上我们能看到一个典型的社群营销的模式——找准时机。在她之前，拍摄视频者有之，在她之后，更有无数人投身短视频领域，为什么只有papi酱和她同期的一些网红借助短视频快速崛起了呢？因为她赶在了短视频时代到来的风口，刚刚碰巧成为提前一步入局的人，这是对"时"的把握；她知道自己经营的粉丝群体喜好什么形象，所以选择了年轻人热爱的喜剧化、吐槽向和生活向的内容，可以激发共鸣，引起转发与关注，这是对"势"的认识。

所以，借助时势进行社群营销，一定要对所要耕耘的领域有一定了解，知道领域的前沿和发展方向，能敏锐察觉热点话题，才能提前获知消息，在营销中先人一步获得最大收益。

二、找寻热点，话题一定要准

在这个娱乐信息爆炸的时代，最不缺的就是各色各样的娱乐手段，最不少的就是稀奇古怪的热点话题，没有人可以"蹭"上所有话题的热度，如果每个热点都要去追踪，不对信息加以筛选，一定会分散精力，面临疲于奔命的状态。

所以在找寻热点的时候，一定要有条件地进行挑选，找的话题一定要"准"。这种准确体现在几个方面：

（1）话题吸引的对象准。

（2）话题围绕的主题准。

（3）话题传播的方向准。

总结来说，就是该话题跟社群的定位和营销方向十分契合，否则就很难达到快速高效地传播。

话题吸引的对象一定要跟社群的成员画像重合。新浪微博在"世界读书日"时号召博主参加活动并带tag分享，带动该活动热度，这种活动吸引的对象就是热爱读书、关注书籍的人，所以积极参与的博主大都是读物博主，如"十点读书""樊登读书会"等读书社群和品牌。这时，如果美妆领域的博主也参加活动，吸引的对象转化为粉丝的概率就比较小，因为活动话题吸引的对象跟其社群成员方向不符。

热点话题围绕的主题也要准，有些热点话题吸引的对象虽然和社群重合，但是关注的主题并不助力于社群转化，这就需要社群进行筛选，或者进一步的创作引导让关注点回到社群的领域。比如，2021年东京奥运会期间，出征海外的中国健儿成为当时社会关注的焦点，大量年轻人都在讨论这一话题，但和"奥运""运动"等领域沾边的社群还是少数，很难利用热度进行转化。但一些绘画博主在微博等社交APP上发布了自己绘制的奥运健儿漫画，其中，儿童插画师"卡卡的糖朝"的作品被东京奥运会首金获得者杨倩选为头像，因此两天内涨粉2万多，获得接连不断的商业邀约。之后，人民日报也发起了"奥运冠军小头像"等活动，助力推动这一话题。这就是将热点话题提炼、创造后引导进入自身领域的典型例子，围绕的主题与社群定位越吻合，吸引的流量就越大。

最后，话题的传播方向也要准。让话题多向目标粉丝传播是社群营销最快的手段，善用各平台的精准投放和推送机制可以让话题的传播有规律，而从传播方式上进行控制也可以达到这一目的。比如，某些绘画课社群的营销方式是让学员将课程海报分享到一定数量和体量的绘画爱好者群里，满足要求后可以减免一定的学费。这种分享要求优化了传播方向，让课程广告可以在感兴趣的人群中传播，而减免学费则起到了激励传播的作用。

选择话题时一定要考虑契合度，跟社群的定位越匹配，就越能借助热点话题达到良好的传播效果。

三、流量转化，关联一定要狠

借助热点进行传播的最后一步，就是考验话题流量和社群之间的关联。关联度越高，流量就越容易落地。

在天猫双11等购物节期间，大量头部主播和网红都会在粉丝社群里进行宣传、带货或发放各种优惠券福利，借助购物节的流量来进行自身的社群变现。观察会发现，参与最积极的网红和主播大多来自美妆、服饰等品类，因为与购物节关联度最高、最容易通过粉丝社群实现流量变现的就是这些领域。

流量转化时，热点话题和社群的关联一定要"狠"。前面我们举了插画师借助奥运会来实现粉丝社群增长的例子，但由于插画师的产品本身跟奥运会关联度不大，所以流量转化并不明显，这些粉丝不会因此为插画师的产品付费，只给她其他带来商业合作的机会。相比之下，美妆博主跟购物节的关联就更"狠"，博主可以直接进行产品推广，借助购物节实现付费变现，这是更密切的关联。

同样的热点流量把握在手里，话题和社群之间的关联度越高，流量转化和变现的能力就越强。

在移动互联网时代，社群的力量不可小觑，借助适合的热点东风，有很多机会可以找到社群营销的突破口。

第五节
线下线上联动,引爆营销效果

社交网站的存在,让人们之间的距离变得极近又极远。人与人之间的联系可以跨越时间与空间,但在无限的网络中却因为缺少心灵相通者的陪伴而感觉孤独。社群的存在恰好解决了这个问题,将志同道合的人聚集在一起,让他们能在相互交流中感受到网络世界里的孤独被排遣。

因为这一原因,社群大多依托于各种线上社交软件,最典型的如QQ群、微信群、豆瓣小组、百度贴吧等。特别是在社群早期的野蛮生长时期,很少有社群组织者能想到打破线上与线下的局限,"线下面基"被认为是具有危险性的行为,这使成员之间的交流一般都局限在线上。

随着社群规模的逐渐扩大和运营的专业化,人们逐渐发现,社群的生命会因为仅存在于线上而大大缩减。线上联系给社群交流创设了机会,但不能面对面,又让群成员之间始终存在打不破的隔阂,最终导致社群的生命力衰竭。因此,"打通线上与线下"成为讨论社群营销时的一个重要话题。线上与线下的联动不仅可以引爆传播,也能将线下收集到的人群信息和资源整合到线上社群中,同时将社群在线上的影响力扩展到线下,步入良性循环。

定期组织适合的线下活动,既能调动社群成员的活跃度,又能加强彼此之间的联系,让社群的生命力得到延长。比如逻辑思维、吴晓波书友会等,就很注重线上社群的线下落地，经常组织同城的书友会活动，介绍同城书友彼此熟悉，使他们与社群之间的关系更紧密。

传统品牌也可以借助这种线下与线上的联动引爆营销效果。家电品牌九阳在推出新品铁釜电饭煲时，就曾在微博上举办过晒单赢大奖活动。晒出自己家中使用九阳电饭煲蒸煮出的美食，发布到相关话题下，就有机会赢得品牌赠予的奖品。一时间，朋友圈内到处都是大家对九阳电饭煲使用的反馈，这款经过研发人员多次测试、表现不俗并被品牌寄予厚望的产品，也一瞬间引爆了网络，成为当年传统品牌线上营销的典范之一。

所以，不管是品牌还是个人都可以在进行社群营销时，将线上与线下结合起来，打破网络的局限，让社群与成员之间的关系更近，让线下的活动信息借助线上平台迅速传播。

不过在社群进行线上与线下的联动宣传之前，首先要明白自己做线下活动的目的是什么，又想要达到怎样的预期目标。目的和目标最好与社群的定位与气质相同，这样举办的活动才能吸引群成员关注，保证活动的质量和完成度。

在策划和组织线下活动的时候，也要注意它与线上运营之间的区别。

1. 规划好时间

在组织社群活动时，一定要考虑好时间如何规划，不仅是主讲嘉宾的时长、活动的安排时长，还有整个活动所举办的时间长短。很多适合举办活动的场地在节假日时都非常紧张，需要提前安排预定。在综合考虑所有因素之后，才能敲定一个具体的活动时间。

有经验的活动组织者都会考虑可能的延时情况，活动不一定会完全按照计划进行，所以也要预留不超过1小时的延时时间。

2. 进行合理的预算制定

和线上活动不同，线下活动要产生消费的地方比较多，不仅要考虑场地租赁、茶水饮料、小礼品，有时还要报销嘉宾的差旅费甚至是粉丝的路费。不过我们也要学会充分利用社群的优势，也就是社群所带来的人脉，可以在组织活动的时候与赞助商和粉丝进行沟通，咨询他们是否有提供免费资源的可能，这样可以尽量节约预算。

比如，有一定影响力的社群完全可以借助品牌方的赞助来举办线下活动，品牌方也能借助社群的力量进行宣传。

3. 场地的合理选择

不是所有的场地都适合举办社群活动。首先要考虑参加活动的粉丝体量，选择能够容纳相应人数的场地，其次也要考虑到场地的交通是否方便、环境氛围如何、场地位置是否容易寻找。在活动现场最好留有一定的空余，可以进行活动宣传或赞助商产品物料的摆放。如果活动中需要主讲嘉宾进行分享，也要有演讲台和投影仪、麦克风等设施。

所以，选择活动场地其实是非常精细的工作，尤其要符合活动的需求与社群的气质。读书会类型的社群可以将活动场地选在比较安静、舒适的咖啡馆，运动类型的社群则可以选择风景优美的室外，合适的场地选择能给成员带来良好的第一印象，加深对社群的认可。

4. 发布通知并宣传

策划好的社群活动，在发布通知时也要注意将信息尽可能传达到位。一定要按照标准格式发布活动信息，强调活动的主题、时间、地点和主要环节。活动海报要以传播为主要目标，做到能在30秒的黄金时间内看明白一个活动的主要信息，同时强调能吸引粉丝的活动元素。

如果这一活动需要群成员进行报名，可以通过电脑网页、微信、APP等渠道开通报名通道，让成员可以快速线上报名。

发布通知之后，也要注意活动的宣传。通过社群旗下在各平台的账号进行发布，是宣传的第一层；将活动信息发送给受邀嘉宾，让嘉宾进行转发，以及动员粉丝进行转发，是宣传的第二层；在活动结束之后，及时反馈活动信息、更新活动现场的内容，进行闭环宣传，是宣传的第三层。社群举办线下活动，也是一次宣传的好机会，一定要把握住这三层宣传的时机，让线下活动的效果最大化。

5. 充分合作，让社群活动在线下落地

我们多次提及，社群营销就是强调人与人之间的关系，所以合作共赢的概念

始终存在于社群营销中。要打通线上与线下的营销，依靠一个社群往往很难做到完美，找寻合适的合作伙伴，可以更好地实现共赢。

有些线上的社群不能提供足够多的线下资源，苦恼于无法进行线下宣传，殊不知一些线下的机构也需要线上平台帮助宣传自身。这时双方就可以互相协助，弥补自己在运营上的局限性。

公众号"高校人才网"主要在线上发布各种人才招聘信息，强大的信息统筹能力让它获得了许多高学历的粉丝。高校人才网在线下举办最多的活动就是招聘会，这是公众号与各个发布招聘信息的单位合作筹备的。高校人才网借助线下活动实现了自己在人才招聘领域的影响力扩展，而招聘单位有了良好的线上平台传播招聘信息，二者都无法缺少对方的合作支持。

社群在营销时一定要注重线下和线上共同推进。线上的营销手段不能完全取代线下，只有在线下增加和粉丝之间的互动，社群与粉丝之间的关系才会更紧密，它才能真正落地生根，延长自己的生命力。而且定期的线下活动也能增强社群的仪式感，社群本身就是拥有相同文化符号的人聚集在一起所建立的，仪式感的存在可以强化成员的同伴意识，从而对社群产生更强烈的归属感。如果能设计有社群特色的线下活动，还可以助力社群打造品牌，提升营销效果。

第六节
借力使力，让营销事半功倍

有别于传统的营销方式，社群营销的资源是人，经营人与人之间的关系是营销的核心，所以做好社群营销，就一定要懂得运用好人脉。前面我们讲的是利用社群内部的人脉进行营销，比如利用群主的号召力、核心成员的创造力等，现在我们要讲如何利用社群外部的力量，通过合理的资源交换做到"借力打力"，以最低的成本实现好的社群营销。

一、将网红经济和社群营销结合在一起

自2016年，也就是"网红元年"开始，一股不可忽视的新的营销力量正在逐渐崛起，这就是网红带来的粉丝效应和流量。在这一年的淘宝双11大促活动中，网红店铺首次取代大品牌，成为双11女装销量的冠军，展示了网红社群强大的变现能力。现在，大量品牌在推出新品时，都会选择借助网红的人气进行宣传，请网红进行带货，已经不再是拉低品牌调性的一种风险选择，而是变现最快的营销方式之一。

与网红进行合作，利用网红的粉丝社群进行我们的营销，可以拓展另一片用户群体，实现借助网红的人气来进行社群营销的目的。对一些属于社群建设初期阶段的品牌方来说，他们缺乏自己的成熟社群基础，网红社群就成为理想的目标

群体。

但在选择时，仍然要注意挑选气质相符的合作对象，寻找与自身产品最贴合的网红社群，才能达到营销效果的最大化。

1. 网红的气质要贴合用户需求

在直播带货的领域，大量明星折戟沉沙，拿着高额的推广费和坑位费，却没有获得比网红更高的销量。这就是社群经济的独特之处——知名度不等于变现能力。想提升社群的变现能力，就一定要让社群用户真正认可。有别于传统的营销方式，社群营销与用户的关系更亲密，距离更近，所以要选择的代言者就一定要具有亲和力。从这一点来说，网红比明星更合适。

所以我们要借助网红进行营销时，一定要选择与自身产品定位和用户需求相符的网红，亲和力是考察的重中之重。要提升营销效果、实现社群变现，有亲和力的网红才能获取用户的信任。

2. 网红的领域要和产品吻合

社群营销讲究的就是领域垂直，要抓住某一方面的痛点对有针对性需求的用户进行营销，才能达到最大程度的转化。所以在选择网红时，网红深耕的领域要与产品相吻合，这样营销的变现率才能提升。

宁愿选择一个粉丝量较少但领域重合度比较高的网红，也不要只看粉丝量而忽略领域。让一个汽车领域的网红去带货奶粉，会有好的效果吗？不仅不能精准向目标用户宣传，用户对该网红在奶粉领域专业性的信任度也会很低，变现转化率自然不高。

比如，微博美食网红"羽萱的妈妈"经营的账号和社群特点就是热爱美食、精致生活，由她联名设计推荐的铸铁锅因为实用价值和颜值双高，多次爆卖，品牌也和她进行了长期合作，推出了一系列产品。正是因为这位博主的社群深耕于美食和生活领域，吸引的粉丝都是该品牌的目标用户，产品和网红的领域重合度非常高，定位相对一致，所以能够发挥的带货作用非常明显。

不仅如此，这类型的网红也是品牌的深度用户，品牌可以获得最有价值的用户反馈。比如，某主播和完美日记合作了一系列眼影盘，就从用户的角度给完美日记提出了一些建议，设计出的眼影盘在实用性和颜值上都令人眼前一亮，销量也很高。这些网红正是依靠粉丝社群而走红，也依靠粉丝社群变现，所以他们对社群和用户需求的了解非常深刻，与他们进行合作也可以优化社群营销方案和产品内容，是一种一举多得的选择。

3. 网红的推广方式要能获取用户信任

我们利用网红的亲和力进行社群营销，获得高转化率的前提就是高信任度，只有用户信任带货的网红，社群营销才有效果。

所以这类型的推广一定只能"软"不能"硬"。干巴巴念广告词、插"硬广"的时代已经成为了过去，尤其是网红营销，必须要讲出产品的特点和优势在哪里，推荐过程必须有理有据，才能得到用户信任并产生购买欲望。又或者，突出这种产品是网红自身正在使用的，哪怕只是出现在镜头中几秒钟或者几句话介绍，用户也会产生搜索同款的冲动。

二、社群营销可以通过互推来置换用户

当我们拥有了一定量的社群用户时，也可以考虑通过平台互推的方式进行营销。互相推广，本质上就是一种用户资源的互换，适用于类似领域、粉丝量旗鼓相当的社群。

比如你的社群有5万用户，对方的社群也有5万用户，与其艰难地扩展新的用户群体，不如互相推广，在原有的用户池中推广彼此的新账户，就能多获得5万的潜在用户曝光。同等级参与互推的账号越多，交换来的用户数量就越多，达到社群的快速裂变。

同时，微博这样的平台还设置了热门话题榜，同领域的多个账户互相推广，共同讨论某一话题，该话题热度就会不断攀升，内容的阅读量迅速上涨并冲击榜单，就能给所有账户带来新的曝光。所以平台互推不仅能互帮互助，还能获得额外的来自平台曝光的奖励。

互推一定要注意体量的对等，一般相同体量的两个社群最容易达成合作，如果社群的用户数量有很大差异，这种互推显而易见是资源的不公平置换，除非通

过其他方式进行补偿，否则很难达成合作。

互推对于用户群体的重合度要求不是很高，反而是跨领域的合作更可能引起大家的关注，产生的营销效果更好。比如国民品牌老干妈辣酱和运动服饰合作，在出人意料之外又有一丝趣味，是一次非常出圈的营销案例。

对于用户群类似但不构成竞争关系的社群来说，形成长期合作进行互推是很好的选择。比如家用品牌九阳豆浆机和博朗剃须刀就是长期的合作关系，两者在领域内不构成竞争关系，但都属于常用的小家电，用户群相对一致，就可以合作进行营销。

社群营销中，善用合作可以帮助我们减少很多阻力和困难，借力打力进而实现四两拨千斤的效果。

第七节
常见的社群营销模式

最后,我们来总结几种常见的社群营销模式,看一下不同情况下适用怎样的社群营销。

一、微信群、朋友圈等私域营销

从"私域流量"这个词火爆开始,人们就意识到运营自己微信号的重要性。最初的个人社群往往从微信群、朋友圈出发来打造,基于微信庞大的受众,微信群营销的商业价值和传播速度都不可忽略。

每一个我们所建立的微信群中都含有大量潜在用户,但其中多少人能转化为真正的粉丝,取决于我们对微信群的运营。想利用个人微信号进行营销并达到好的效果,一般要具备这样几个前提条件:

1. 有一定数量的微信好友

具有私域流量价值的微信号,一般至少有500个好友,而且好友质量越高,能带来的流量就越大。我们所说的"质量"并不是给人划分等级,而是考察微信好友与本人之间的关系,高质量的好友黏性高、信任度强,愿意花时间跟你沟通,且不会随意屏蔽你的朋友圈或加群邀请。只有这样的好友才有进一步发展的潜力。

2. 在所营销的领域能获得好友的信赖

前面我们也讲过，经营社群，信任度是基石。社群是建立在人与人之间的互信上，微信社群营销，则建立在好友与社群发起者之间的互信上。想建立成熟的微信社群，就要在好友之中建立一定的信任度，尤其是在所营销的领域内有一定的口碑，这样好友才会肯定我们所创建的微信社群。

在关键时刻，平时的人脉经营效果就得到了体现。平时和朋友、客户、合作者之间保持良好的关系，在好友中获得较高的评价，经营一个可信任的形象，在微信社群建立之初才能获得至关重要的支持。

我的朋友圈中有一位"微博读书"的运营，后来创办了自己的MCN（Multi-Channel Network，多频道网络），开始经营自媒体矩阵。在微信朋友圈进行宣传后，很快建立了一个参与人数超过100人的微信群，且其中大多数成员都有丰富的自媒体经验。正是因为她在自媒体行业经营多年，有很强的信任度，所以一旦营销相关的领域，就能得到大家很高的信赖与支持。

3. 具有广泛的社会资源

这种社会资源可以是有形的，也可以是无形的，我们可以简单理解为人的阅历体现。只要在社会上工作过一段时间，都会积累相应的资源，比如在工作中对接的甲方或乙方、在行业大会中结识的同行，都可以成为我们的人脉资源。将不同领域的资源整合在一起，可以在不同方面影响微信群的营销。社群运营考验的就是人与人之间的关系，我们的人际关系越丰富，社会资源越广，微信营销所能辐射的范围就越大，最终，被精准转化的对象也会越多。

所以，一个在行业内深耕多年、拥有行业经验和人脉积累的大佬，要经营私域流量就会显得容易一些。本质上，这都是他前期经营获得的社会资源的转化。

4. 能选择好的产品进行经营

不管是丰富的社会资源，还是高质量的好友圈，都只是微信群营销的沃土，能否在这块沃土上迎来丰收，还是要看我们经营的内容——选择好的产品至关重要。我们所选的产品一定要符合好友圈的定位和需求，这才是针对痛点的精准营销。

建立微信群之前，在朋友圈或其他群内营销时一定要突出加群的好处，能够给好友带来足够的回馈才能吸引他们加群并进一步关注。而建立相应的微信群后，发布的推广内容一定要经过筛选，不适宜的内容一律不发，维护好微信群良好的生态。

朋友的家人在杭州经营一家茶园，清明前后总有高质量的茶叶收获，比如龙井等。过去茶叶都直接卖给收购商，朋友考虑到自己的微信中大多都是喜欢喝茶、有一定购买力的人，就在朋友圈宣传了一下自己家的茶叶，入群就可以免费包邮领取一小包龙井茶试喝。这很快得到许多人咨询，朋友在一周之内建立了一个超过300人的微信群。因为茶叶质量的确好，很多人喝了还会介绍给自己的好友，所以一直源源不断地有人拉新人入群，他也开始考虑设计自己家的茶叶包装并注册品牌。

在这个群里，朋友会定期发布一些新品试喝的信息，转发、讨论的也都是跟茶文化相关的内容，用这种方式加强微信群内的品茶氛围，让群成员始终保持对新茶叶的尝试兴趣和购买欲望。

经营微信群一定要突出产品，合适的产品可以减少很多营销时的困扰。

5. 擅长文案撰写

通过朋友圈拉新来创建自己的微信群，一定要"能言善辩"，会撰写有吸引力的文案，才能让你在朋友圈中的营销和推广事半功倍。能够刺激消息快速传播的营销，不一定要配上精美的图片或惊爆眼球的内容，但一定要有优秀的文案。"讲故事"的能力决定了信息传播的速度。

如果对文案撰写感觉没有头绪，可以学习一些公众号爆文写作的技巧，本质上，"爆款信息"就是抓住了人们想看到的内容，将关键点放大，调动人们的情绪并产生共鸣，利用这种共鸣来吸引大家的关注和肯定。掌握了相应的写作技巧，产品在朋友圈的推广可以更顺利，还能借由口口相传进一步扩大传播范围。

二、自媒体账号等公开推广

借由微博、小红书、抖音、微信公众号等平台的自媒体号对品牌或个人进行营销，是一种比较经典的社群营销方式。通过自媒体账号，运营者可以与粉丝群体进行多方位的沟通和交流，而订阅了自媒体号的粉丝可以定期收到推送，这就保证了营销的持久性。

如何利用这些社交平台的自媒体号进行社群营销？

1. 利用自媒体号来推广社群和产品

虽然自媒体号的粉丝具备社群用户的潜质，但仍然处于一个相对开放的平台，交流比较局限，除了留言、评论这种单一的方式外，粉丝之间很难进行深入交流。所以想建立成熟的社群，还是要将在平台吸引的粉丝引流到自己的社群中，利用自媒体号和社群结合的方式实现产品的推广和落地。

引流的方式可以是通过自媒体号发布消息或推送文章，给予相应的优惠，吸引粉丝加群。有些带货博主也会选择在自己的社群中更新产品的进度、进行售后服务，通过"卖服务"的方式吸引粉丝加群。

现在，这种利用公开平台大号引流、建设自身社群的方式逐渐普及到各个平台，微博、小红书等APP还推出了自己的社群模式，可以直接在平台内建立粉丝群，不必依赖QQ或微信等。可见，社群的模式和影响力越来被社交媒体重视。

2. 借助大V的影响力来营销社群

前面我们所说的自媒体号，主要是个人运营的账号，但在账号粉丝有限的情况下，怎样才能快速建立社群，让信息爆发传播呢？此时可以借助人气更高的大V或超级公众号的影响力，请他们帮助宣传引流。

这类型的商业合作在各行业都非常普遍，要进行这类营销，一定要通过商业合作的途径表达诉求、提出合作策略，在约定好之后，签订相关协议，最终进行文案的发布和推广。一般选择合作的大V都经营相似的领域、目标粉丝重叠度高，这样转化效率才会比较高。

三、加盟制的快速引流

除了利用公开的社交媒体平台进行推广宣传，还有一种快速引流的方式——"大咖加盟制"。做社群营销，目的就是快速地扩大规模、实现裂变和转化，没有什么比借助大咖的名气来实现引流更快的。邀请有一定影响力的大咖加入自己的社群，在社群中分享经验或进行站台推广，都可以吸引对他感兴趣的粉丝加入你的社群。这种大咖加盟制可以大大增长社群的影响力，快速推广我们的产品和服务。

1. 突出与大咖相关的元素

"大咖加盟制"其实就是在推广中蹭到名人的热度，名人本身加盟社群，带来的推广效果当然是最好的，如果没有能力引进大咖，该怎么办呢？

突出和大咖相关的元素，也能帮助我们打出广告、吸引他人的关注。每年春节晚会，董卿等主持人的口红色号都会引起大家的讨论，打着"董卿同款"之类宣传卖点的产品，会在一夜之间销量暴涨。董卿本人是否使用或代言了这款产品并不影响最后的宣传结果，只要蹭上热点话题，自然就能吸引关注和目光。当然，这些产品敢于打出这样的卖点，肯定也是因为产品本身跟明星所使用的有极其相似的效果，这样才能获得消费者的肯定。

所以，只要我们实事求是进行宣传，通过"名人同款""名人推荐"等方式推广自己的产品，可以快速获得大量关注与流量，让社群实现快速转化。

以制作棉花娃娃周边为主的"rua（多地方言，有'摸、揉、搓、捏'的意思，现已成为网络流行语）娃吧"，经常与爆款电视剧合作，推出电视剧角色为原型的棉花娃娃，销售对象也是该剧或该明星的粉丝。跟原创的娃娃相比，这些以角色原型二次创作的娃娃销量几乎是前者的几十倍，更是突破了原本娃娃爱好者社区的人数上限，达到了"破圈"的效果。这就是热度共享的效果。

所以，在保证属实、权益正当的前提下，借助明星或热点的影响推广社群和产品的效果很好。当然，前提是能够取信用户，如果打出"明星同款"的宣传，却连一张能证实的照片都不附上，很难得到用户的信赖，自然不能指望高转化率。

2. 邀请大咖入群互动

进一步讲，如果社群能邀请到大咖本人入群互动，肯定会产生更大的吸引力。但前提是，我们邀请到的大咖一定要跟社群的主题和定位有关联，这样才能产生正面效果。这要求组织者对群的性质、发展目标、成员的特点都有了解，并对群活动有明确规划。如果请来的大咖与社群定位毫不相关，就算对方具有很强的名人效应，也很难得到大家的信任并转化。

举个简单例子，自从主播经济爆发，主播带货的影响力越来越大，很多明星也加入到带货的领域中。一开始，商家热衷于花大价钱请耳熟能详的明星直播，或在明星的直播间交天价坑位费进行推广，但市场经验证明，很多大明星的带货效果与他们的名气不符，还比不上一些主播的带货能力。这就是领域不符导致的，在直播带货这个领域，人们对明星的信任度远不及专业的主播，所以愿意掏钱者寥寥。

但是罗永浩却是个例外。因为他在电子产品行业耕耘多年，本人具有一定的魅力和信任度，让大家相信罗永浩直播带货的真诚，同时他又能给出实在的好价格，所以成为了名人带货的成功范例。

在社群内邀请大咖也是一样，一定要请跟社群定位气质相符合，或者本人信任度足够高的名人，这样才能提高转化率。例如，知名理财专家简七在公众号和社群中推荐过一些保险产品，因为她常年在理财、保险领域耕耘，面向的对象就是想要学理财的普通人，所以很符合保险产品的推广方向，她的推荐就能带来很高转化率。有些保险品牌会将这类理财专家请到自己的社群，借助大咖免费课程吸引粉丝加入社群，然后实现保险的推销。

3. 大咖推广不能操之过急

进行社群营销时，不是邀请大咖进入群中就可以开始推广了，我们在推广之前也要把握住群成员的心理和他们的普遍需求。大家之所以会受到大咖的吸引并加入社群，多数是想聆听大咖的知识分享，或近距离接触名人。所以，借助大咖来进行社群营销时，一定要先满足成员的需求，让大家满意之后再进行营销。整个过程不能操之过急，应该循序渐进地推进。这样大家的接受度才会提高，社群营销的效果也会更好。

扫拖一体机器人品牌"云鲸"邀请了不少大V帮助推广，其中一位美食博主在推广之前，选择从粉丝感兴趣的西餐料理制作入手，先分享了独家菜谱，在吸引了大家的关注并满足粉丝需求之后，才顺势引出"制作西餐时不小心弄脏的地面可以怎样快速清理"这样的话题，然后再介绍云鲸这款扫拖一体机器人的效果。这样一来，粉丝对广告的接受度就很高，而且在厨房清洁上有困难的粉丝，立刻能代入类似场景。

　　社群营销的模式非常灵活，除了我们介绍的这几种方式之外，根据社群定位和粉丝组成的不同，还可以有许多针对性的营销手段。这种低成本小投入的影响，有时能带来令人惊喜的效果，这也是社群效应的魅力所在。

第四章

解构社群传播效应，引爆社群裂变

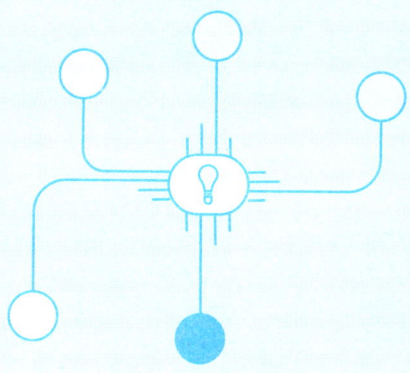

社群营销最强大的能力就是有无可比拟的传播速度，可以通过社群裂变将信息快速铺开。社群这种模式为什么有这么强大的传播效应？这种传播效应到底受哪些主要因素影响？想要解构社群营销就不能知其然而不知其所以然，我们应该对社群的传播效应进行更深入的理解，才能真正懂得如何去引爆社群裂变。

第一节
粉丝是信息传播的主力军

社群裂变的基础就是粉丝。社群传播效应之所以影响庞大，就是因为有足够强大的粉丝支持。在当前这个时代，得粉丝者得天下，只要对社交媒体的运营有一定了解，都能明白粉丝的重要性。如果没有粉丝的支持，一个明星与路人无异，一个品牌也很难从竞争中突出重围，一个社群更谈不上运营成功。

不仅是个人品牌需要粉丝，有许多企业也靠粉丝获得了大量利润。尽管这些企业未必以社群营销为主，但通过粉丝支持来获得利润的过程与社群营销的原理是共通的。比如雷军所创办的小米，一路走来都少不了米粉的参与和支持。最初，小米就是依靠粉丝论坛的运营积攒了自己的第一批潜在用户。在论坛中，小米官方与粉丝进行深入的沟通交流，通过粉丝的反馈逐步改进自己的产品，不仅让粉丝产生了强大的参与感和认同感，也奠定了小米这个品牌就是粉丝的基调。

现在小米官方仍然以"因为米粉，所以小米"的口号进行宣传，无异于在说，不管小米的品牌做得多大，品牌仍然是因为有了粉丝才能走到今天。即便不是小米的粉丝，听到这样的话，也会感慨一个品牌对于用户的重视。小米就是把粉丝运营做到了方方面面，细节之中，靠着强大的用户体验走到现在。

小米让粉丝意识到，原来用户也可以影响品牌的未来发展，也可以在产品的研发之路上，产生这样强大的参与感。许多小米的用户不仅把自己当作顾客，也认为自己是小米这个品牌的一员，这种参与感放大了他们内心的成就感和与品牌的连接，加强了粉丝社群的忠诚度，进而让粉丝乐于将品牌推荐给身边的其他人。这个过程中，粉丝成为了信息传播的主力军，也是品牌社群裂变的无形推动者。

所以，想要做好社群的裂变，就不能仅仅把粉丝当做营销的对象来对待，而是要让粉丝也参与进来，让他们成为营销推广者。无论是苹果还是小米，抑或是其他著名品牌，成功的背后都有无数粉丝的支持。通过经典的产品来吸引用户，通过高水准的品控和优质的服务将用户转化为粉丝，进而打通了粉丝传播的通路。毫无疑问，这种方式在未来也将百试百灵。事实上，除了小米科技，现在还有许多企业在运营产品的时候就非常注重运营粉丝，比如国产品牌"李宁""完美日记"等，就懂得借助国潮风来建立忠诚的核心粉丝群，这样在推出新产品的时候，就始终有一批"自来水"用户愿意自发参与到产品推广中，引爆信息传播。

与之相反，如果一款产品没有任何的粉丝支持，就算开发得很好，也难免会遇到"酒香也怕巷子深"的问题。

一、将用户转化为粉丝

不管是我们要运营产品还是服务，都可以创建属于自己的社群，通过社群的方式将用户转化为粉丝。社群能产生传播效应，就是因为有足够的粉丝数量，要累积粉丝数，就一定要注重平时的日常维护，让用户可以在社群中找到归属感和满足感，那么他们就会产生与社群一同成长的参与感。只有满足了用户的内心需求，他们才会与社群产生长时间的深入联系，进而转化成资深的粉丝。

因此，降低运营成本的关键就是尽可能扩大粉丝量。想要有大量粉丝帮助我们的社群进行信息传播，在运营时要注意下面三个要点：

1. 注重原创性

互联网时代的信息传播速度之快，在以往任何一个时代都难以想象。但不是所有的信息都能快速曝光，那些有创意的内容或产品，在传播时更容易广泛传播。尤其是进行社群运营，着重于将用户转化为粉丝时，有原创性和价值深度的内容，更容易让用户产生共鸣并成为品牌的粉丝。

2. 注重渠道价值

信息的传播必须要有载体，各个社交媒体平台能给我们的粉丝运营带来渠道价值。现在，微博、微信、今日头条、快手、抖音等，主流的媒体平台都有固定的大量用户群体。而我们在进行社群运营时，同样的内容不要局限在一个平台内发布，充分利用不同的渠道来宣传自己的社群，可以让更多的用户关注我们。通过不同的渠道增加社群的曝光度，将渠道用户吸引到我们的社群中内化为粉丝，是非常有效的方式。

3. 积极进行社群维护

我们要区分一个概念——社群成员并不一定等于粉丝。尤其是刚刚加入社群的用户，他们对社群的信赖感和参与度非常弱，随时都有可能离开，这部分用户的流动性非常大。粉丝是一个社群最忠诚的用户群体，从用户转化为粉丝，需要社群在运营时不断进行维护，给社群成员提供更好的服务，让用户感受到社群的好处。只有增加用户对社群的认同感或其他正面情感，社群和用户之间才能建立牢固的情感链接，最终将其转化为粉丝。

有位做幼儿教育公众号的朋友，最开始引流的方式是在地铁站、火车站等人流量较大的地方赞助一些服务类小项目，比如免费扫码领卫生纸等。获取这些服务当然不用付费，但需要关注一些公众号。朋友的公众号最开始就利用这种引流方式，每天都能获得几百个关注。

但他仍然感觉非常苦恼。因为这些新粉丝来得快，走得也快，很多人只是为了获得服务而临时关注了一下，并不会长期保留公众号。

后来我帮他看了一下公众号，发现里面至少有三个问题：

（1）公众号还在初期运营阶段，发布的文章数量很少，没有精品的内容，怎么能留住关注的新粉丝呢？

（2）公众号的粉丝平均关注时间比较短，为了尽可能地转化和曝光，朋友就频繁推送广告。在没有和公众号建立情感连接的前提下，用户收到这么多广告推送,还会愿意关注吗?

(3)公众号没有长期留住粉丝的、有吸引力的活动。

基于这三点,我给朋友提出了一个建议,就是将主要的精力先放在公众号的内容运营上,粉丝变现可以在积累了一定数量的粉丝之后再考虑。同时,在发布精品原创内容时,还要隔一段时间就给大家举行一些抽奖或互动的小活动,开奖时间设定在一周到半个月左右。这样可以在短期内留住粉丝,让粉丝有机会看到他推送的内容,继而筛选出公众号真正的目标用户。

用这种方式实验了大约两个月,该公众号的粉丝留存率果然大大提升。过了一年时间,朋友就告诉我,他现在已经建立了非常完整的粉丝群体,不需要再靠简单粗暴的引流广告来积累用户,也能实现长期的持续稳定增长。所以,注重内容的原创性和长期维护粉丝群体真的非常重要。

二、粉丝协助社群推广

将用户转化为粉丝,只是建立了引爆社群传播的基础,如何建立粉丝分享机制,让粉丝能自发把社群分享、推荐给身边的朋友,成为产品推广的一环,才是解构社群传播效应的关键问题。粉丝可以协助社群进行推广,需要经过几个发展阶段,逐步建立跟社群之间的密切连接。

1. 社群与粉丝建立相互信任的关系

兑现和粉丝之间的承诺,可以让社群与粉丝建立相互信任的关系,而信任是粉丝愿意帮助推广宣传的基础。运营社群与经营企业一般无二,都要把"诚信"放在首位,给用户的承诺就一定要落实到位,这是最简单、能直接获得信任的办法。

举个简单的例子,很多淘宝店之所以会得到用户的差评,并不是因为产品不够好,而是因为买家觉得自己"被骗了"。一个产品总会有缺陷和优点,如果买家在购买时就已经有了足够的心理准备,收到货物之后即使在某些地方不满意,也很少给出差评。差评的原因多半来自被欺骗的恼怒,可能是客服或品牌承诺的活动没有兑现,可能是产品质量没有宣传得那么好,也可能是后续服务让人感觉失望。总之，一定是一种被欺骗的感受。

所以，无法兑现承诺是令粉丝失望的重要原因。想发动粉丝协助社群营销，就要把最基本的粉丝服务做好，让粉丝满意，与社群互相信任，这是第一个阶段。

2. 粉丝对产品产生依赖性

一个好的社群产品或者服务有怎样的表现？不一定是用户时时刻刻都会把它放在心上，但一定是用户在需要这个品类产品时，总会优先选择它。这就是用户对产品或品牌产生了依赖的表现，这种依赖很多时候是非理性的，是内心情感的表现。

比如，你的家中是否有一些产品，常年固定选择某个品牌？难道真的是因为这些品牌毫无替代吗？很多时候，只是因为我们用惯了这个牌子的东西，对它的质量、使用感都熟悉并信任了，所以才会"无脑"选择这个熟悉的品牌。

3. 产品为社群赢得好口碑

做粉丝营销，不管套路有多少种，最核心也是最底层的逻辑其实只有一种——专注内容和产品，剩下的让产品本身去解决。再好的营销，如果匹配一个很差的产品，也很难拥有长的生命周期，最多就是昙花一现。所以，想调动粉丝的信息传播能力，最基本的就是做好产品，只要产品好，粉丝自然会帮助社群进行宣传，在用户群里获得好口碑。

"不赚钱，交个朋友"的罗永浩，靠着无数"朋友"的助力，一路登上顶层主播的位置，靠的是他个人的影响力，和强大的服务能力，即能给粉丝带来真优惠的好产品。在罗永浩直播间挂商品链接的前提，是商家的确能保证在一段活动期间，给直播间的产品价格是全网最低的。只有最物美价廉的产品才能登上他的直播间，而这样的服务带来了好口碑，赢得了粉丝的好评，反馈给直播间的就是更高的热度。

粉丝营销并不代表"忽悠"粉丝，与之相反，这是一份需要细致、用心才能做好的工作，需要站在粉丝的角度解决他们的需求。只有做到这些，才能让粉丝真正成为社群传播的主力军。

第二节
优质内容是引爆裂变的前提

社群传播效应引发的裂变,能产生相当惊人的能量。但不是所有的信息都可以引发社群的传播效应,优质的内容是引爆社群裂变的前提。优质的信息可以在社群裂变的过程中迅速传播,最终融汇成一种巨大的商业能量。

一、做用户"看得到"的优质内容

什么样的内容才是优质的?在这里我们要强调"第一眼品质"的概念,指用户第一眼看到内容的时候,就能感觉出它的优质。这种感知比内容本身的质量高低更直观也更重要,不是所有的优质内容都能让用户看得到,但"第一眼品质"足够高的内容,一定是优质的。这并非看的是内容本身,而是外在的形式,也可以说是观感。

使用户产生超出预期的观感,是提升第一眼品质最好的办法。这种惊喜感具有冲击力,能给用户留下非常深刻的印象。

当用户获得超出预期的体验,就能在内心将"满意"的感受放大,而用户产生的使用感是最能奠定品牌的口碑的。举个关于京东快递的例子,在品牌运营的初期,刘强东经常亲自体验快递员的工作,把快递送给用户,这就能引发顾客的惊喜。因为一个简单的收快递行为得到了超乎预期的服务,他们对京东的满意感就会放大。其实京东快递服务的品质还是一样的，配送时间也不会因此而产生差异，但服务对象的体验截然不同，用户对京东的评价会上升，口碑就是这样逐渐累积而来的。

再举一个关于矩阵的例子。"凯叔讲故事"是知名的亲子品牌矩阵，由著名主持人王凯创立，被称为是中国第一的讲故事品牌，也是微信上最大的亲子教育公众号矩阵。凯叔讲故事拥有超过400万个家庭的订阅，在亲子教育领域拥有强大的影响力。最开始，他就是通过社群来快速裂变、增大体量的。

为什么会有这么多家庭认可凯叔讲故事这个品牌？王凯的社群是怎么得到快速增长的？除了他拥有知名央视主持人身份的背景来背书，以及众多业内权威人士协助传播去激活原始用户之外，能够给大家提供超乎预期的内容和服务，也是凯叔讲故事能在最初快速裂变的原因。

甚至于，最开始让王凯选择做这样一个亲子品牌的驱动力，就是大家对他所传达的内容的认可。可以说，不是好品牌孵化出了好内容，而是先有了好内容，再孵化出了好品牌。

王凯为了培养自己女儿的阅读习惯，坚持每天给两个女儿讲故事。有一天他突发奇想，把讲故事的过程录下来，分享到了女儿幼儿园的家长群中。没想到得到了大部分家长的好评，大家都说这故事讲得真好。后来，王凯由此产生了启发，把录音也分享到自己的微博账号上，发现每条微博转发都达到了好几百。

正是因为有好的故事内容，他才发觉到了家长群体的这个需求——幼儿需要大量听故事，可能是每个家庭的刚需。

正是因为先有了好内容，他才激发出了社群的市场。意识到市场在这方面的空白后，王凯建立了"凯叔讲故事"的品牌，先是通过业内同行和其他权威人士的转发和传播，激活了最初的原始用户。然后用好的内容将用户沉淀下来，借助粉丝的传播能力，快速增长体量。一开始，"凯叔讲故事"的公众号每个月能增加的用户关注量达到了20万之多，这是一个非常惊人的数字。

只要能做出用户看得见的优质内容，就具备了一个优质品牌的孵化条件。接下来只要沉淀一部分粉丝，建造信息传播的基础，就能够引发类似"凯叔讲故事"这样品牌的社群裂变。

二、与时俱进,快速迭代的内容才始终优质

从经典的商业角度去看,一个能在市场上持续售卖的产品,一般来讲都是经过了市场考验的经典口碑产品,但从另一个角度讲,该产品能带给顾客的使用惊喜感,也会随着时间的流逝而减少。尤其是对一些市场占有量很大、众所周知的产品,它的市场增长已经非常有限,一旦用户对产品的惊喜感减弱,产品就会从蓬勃向上的发展期走出来,走向一个很难逆转挽回的衰退期。

这种情况在互联网时代的快节奏商业模式下,变得更加明显。如果有一个不想放弃的好产品,我们就只能尽可能地延长它的生命周期,就像做社群一样,不仅要思考如何快速裂变,也要考虑长久发展。所以与时俱进,能实现内容的快速迭代,才能始终保持优质内容的输出。不断更新我们的内容,每次都能给用户带来新鲜感,就能让他们始终惊喜。

互联网企业中其实也有一个相似的概念,叫做"小步快走,快速迭代"。互联网时代节奏快,让顾客很难花长时间去等待一个产品推陈出新,所以做产品绝对不能一次改动太大、改动周期太长,而是要频繁进行更新,这样才能通过一定周期的更新迭代让用户保持对产品的惊喜感,也可以随时收到市场关于产品的反馈,便于企业对产品未来的迭代方向进行规划和调整。只有这样才能让一个品牌保持长寿并与时俱进。

快节奏的现在,很难有产品可以做到一招鲜吃遍天。就算是一些经典品牌的口碑款,也会在每一季度进行改良并推出一代、二代或其他轻微改良的变体。根据用户的需求进行调整和修改,通过新产品来刺激用户产生惊喜感并加深对品牌的印象,这些都是互联网时代做产品的重要理念,也是典型的快速迭代方式。

在我们做社群时,对内容进行快速迭代的道理也是一样。在给用户推送内容之前,我们并不能百分百保证自己明白了用户的需求,快速迭代就是对市场的一种试错反应。通过输出内容并收集反馈,我们可以对接下来的内容进行修改,每一次发现问题都进行一次改进,就能让社群的内容品质越来越好。

就像我们之前举的例子，连"凯叔讲故事"这样经典的亲子品牌也曾经面临过问题。有一段时间，品牌经常收到来自家长的"不满"反馈，原来很多家庭都用凯叔的故事哄孩子睡觉，但是因为故事实在讲得太精彩了，孩子听上了瘾，反而晚上特别精神，根本睡不着。根据这种实际操作中产生的问题，王凯对产品进行了进一步的改进，在原本讲故事的模式之后增加了一个板块，那就是朗读一首睡前小诗。这首睡前诗会被朗读十几遍，每一遍都会比上一遍的声音更小，孩子在听着诗的过程中，会逐步适应这种安静的氛围，继而产生睡意。

根据家长的反馈来迭代自己的内容，这让"凯叔讲故事"的矩阵能够始终得到大家的认可和支持。可以说，"凯叔讲故事"能够通过公众号和微课群等平台建立一个庞大的用户社群，达到了传统媒体依托下无法做到的快速裂变，是基于他们能够创作优质的内容。只有持续地进行优质内容的输出，才能搭建社群传播效应的牢固基石。运作过程中也可以加强用户的参与，让用户成为产品的改进者，成为一个品牌共同前进的同伴，这也有助于创造出更多更丰富的优质内容来。

好的社群一定基于市场的需求而存在，而快速的社群传播效应一定诞生在优质内容上。

第三节
让子弹飞,强化传播的长尾效应

"长尾效应"是互联网时代的一种经济现象,形容在大规模的商业网站上,一些原本不受重视的低销量产品或者服务,会因为种类多、总量大,也能产生累积起来极高的总收益,甚至超过主流的经典产品。这种效应在互联网上体现尤为明显,而在内容创作的领域,也有显著的长尾效应。

如果说社群的爆发裂变基于优质的内容,那么优质的内容一定源于持续的输出。一篇文章也许只能传播1000次,那如果持续地写,每天都有一篇文章呢?如果你写一周,7篇文章的传播总数绝对会超过7000次,每一篇都会带动新的读者去浏览你的相关文章。而在不同的平台、不同的社群当中,你的内容可以得到多次传播,在较长的时间范围内持续曝光。这就是互联网上内容传播的长尾效应,只要给内容一点时间,它可以积累出非常惊人的传播量。

一、持续输出,才能建立长尾效应

持续输出是内容传播的基础。我的一位朋友跟我抱怨说,在小红书做社群真的非常困难。因为根据平台的推荐机制,如果没有曝光和点赞,就很难获得新的推荐,而一个新入驻小红书的账户,在没有粉丝基础的情况下很难获得初期的曝光点赞基础。这就导致新账号会进入一种恶性循环——越没有粉丝就越没有曝光，越没有曝光就越没有推荐，从而错失粉丝。

但他只是抱怨，并没有停止自己的更新和努力。过了一段时间，发布了几十条内容后，突然有一条内容推荐暴涨。他告诉我，从那一天开始，账号的运营就好像走入了正轨，每天都有源源不断的曝光量和新的粉丝涌入他的账号，发布以来的每一条内容下，都有了新的点赞、收藏和评论。

如果没有前期不断的内容积累，就算获得了曝光的机会，他也很难凭借一条内容赢得这么多的粉丝。在互联网上做社群就是这样，不怕你输出的内容没有用，因为在任何时候，新来的粉丝都能看到你以往创造的内容。一时没有机会不要紧，只要坚持输出，总会等到曝光的机会，我们要防的反而是在曝光的时候手中没有内容，那才会错失社群传播的关键时期。

所以，要吸引用户就一定要持续输出。很多知名的作者，虽然他们创作的领域各不相同，发展的平台也不尽一致，但具备一个共同点——持续不断地输出。知名小说作家可以连续几年每天书写上万字，大公众号可以每天更新一篇甚至几篇原创的推送，这样的工作坚持一个月容易，坚持几年却很难。而能坚持下来的人，基本都拥有了一定的粉丝群体。

成功的社群，一定有稳定而持续的输出作为基础。有一定黏性的粉丝也好，刚刚关注的用户也罢，他们都是健忘的。即便和粉丝之间有了较强的情感连接，如果长期不推送新的内容，社群仍然会陷入沉寂乃至死亡，粉丝也会逐步流失。

持续稳定的内容输出基于三点：

（1）给内容输出留出时间。

（2）坚持思考和挖掘，保持题材灵敏度。

（3）保有足够的耐心。

很多人都觉得，自己不能持续输出内容的主要原因就是太忙了，实在没时间。扪心自问，我们每天的工作量真的这么饱和吗？当你翻开这本书的时候，就说明你还有足够的时间去学习如何经营一个社群。既然如此，将类似的时间运用在输出内容上，哪怕每天只写一点也好，不就建立起坚持的习惯了吗？还有人觉得长期的输出会耗尽灵感，难以发掘出合适的题材。这一点需要不断输入来弥补，如果你认为自己的题材不够多，就说明还需要学习和思考。题材就源自我们学习的内容，源自我们的大脑，只要多看、多学、多写，沿着一个方向不断发掘，就有源源不断的题材供我们选择。最后一定要保持足够的耐心，才能达到长期坚持。在做社群时，我们输出的内容最好是自己感兴趣的、喜爱的方向，这样每天输出就变成了放松的机会。将创作当作习惯和享受就是一件开心的事情了。

如果还没有坚持，就先不要下定论认为自己无法成功。

二、全面开花，加强内容的长尾效应

长尾效应有一个核心，就是组成越多越好。再没有价值的微小事物，只要数量够多，结合起来都能产生难以忽略的大体量。

在生活中也有很多例子可以验证长尾效应。你一定见过街头巷尾的小百货店，依托几个小区的客户建立，一间面积不大的商铺，摆满琳琅满目的生活用品，看起来人流有限、利润不多。实际上，这样的小超市一年可以达到净利润几十到上百万元，尽管每一单的利润微薄，但是积少成多，在不起眼的地方就能积攒出一定收益。

这就是长尾效应的证明。而在社群营销中，不管是内容还是产品，都一定要强化长尾效应，要坚持创作和传播。为什么我们很难通过一款产品或一篇文章的内容就积攒大量粉丝？很简单，在碎片化的时代，人们受到来自各行各业的信息刺激，对印象不深刻的产品或内容很容易过目就忘。就算记忆深刻，仅仅出现一次的信息热度并不能长久保持，还是很容易被迅速抛之脑后。所以我们要坚持创作，坚持传播，让内容和产品在用户面前始终保持存在感，这才能强化传播过程中的长尾效应。

尤其是在运营过程中，每当我们将产品的信息或原创的内容发布出来，不仅要重视在第一轮发布时吸引来的流量，也要引导安排好二次或多次传播。社群会首先将信息发布在核心社群里，接下来就要鼓励核心社群的成员转发这些信息。转发的地点可以是其他的分支社群，也可以是成员所在的相关群，更可以是互联网上的公开媒体平台。如果说，一次传播的曝光是有限的，那么借助这些平台和社群进行的多次传播，就形成了"长尾"。长尾效应不仅可以扩大我们所分享内容的曝光度，更能提升内容的整体热度。

社群管理者的能力有限，只能尽可能多地将信息分享到我们所在的核心社群。而实现社群裂变的关键环节，不是在核心社群内的信息传播过程，反而是长尾曝光部分。社群的长尾效应可以实现真正的破圈传播，连运营者自身都无法触及的渠道，也可以借助人传人的方式覆盖下去。更重要的是，这并不会耗费我们的精力，让我们可以将更多时间用在制作好的内容上。

在做社群运营时，信息分享一定要全面开花。除了首发在我们的核心社群之内，可以将内容推送在各个能吸引流量、吸引粉丝的公开平台上，比如新浪、今日头条、豆瓣、微信公众号、抖音等。这些社交媒体拥有大量用户，流量和曝光都可以被利用起来。将这些平台上的用户引流到自己的社群，是我们进行内容输出的目的之一。

这是一种双赢的做法。社群运营者可以在平台上曝光自己的内容，借助高流量的平台获取新的粉丝，平台也获得了创作者的入驻，能源源不断获得高质量的内容。所以用好这个策略，百利而无一害，想让内容获得的收益最大化，就一定要全面开花，增强它的曝光度，尽量增强信息的长尾效应，运用好核心社群之外的资源。

有耐心一点，让内容多飞一会儿，社群传播中的长尾效应一定能给我们带来惊喜。

第四节
病毒式传播,引爆社群热度

"病毒式传播"这样的词汇在大家看来可能有些可怕,但从社群运营的角度讲,这是一条非常有价值的法则。病毒式传播的意思是,在移动互联网时代,用户可以通过发达的社交媒体网络,将人们感兴趣的信息快速发散出去,这种传播方式就像病毒一样迅速。

病毒式传播的核心就是"让营销从人到人",不是品牌对用户单方面宣传,而是让信息在用户之间互相传递,让普通人自发帮助品牌进行宣传,最终达到裂变式的效果。从这个角度看,社群营销非常适合病毒式传播,因为社群所经营的也是人与人之间的关系,社群的裂变发展与信息病毒式传播的途径非常相似。

现在的问题是,如何引流用户、让用户进入我们的病毒式传播链条之中。一旦用户受到了吸引,成为信息传播链条的一环,就很难从中脱离,会不断地帮助我们将信息传达给其他人。所以,建立病毒式传播,最关键的一环就是建立成熟的传播机制,只要有了机制就可以源源不断引流用户。

图4.1　信息病毒式传播的几种常见机制

1. 捆绑式传播机制

在病毒式传播的营销初期，很多品牌都选择了捆绑机制进行营销，将要推广的服务或产品捆绑在用户有极大需求的另一款高流量产品上。这种营销方式能快速获得大量流量，负面问题是很容易引起用户的厌烦情绪。

比如，一些软件应用商为了提高软件的下载率，会强制用户在下载常用软件的时候，捆绑他们推出的其他软件。这些用户本不需要的软件会占据电脑内存，也会让下载耗费的流量更多，更重要的是给用户一种极强的负面观感。

所以，捆绑式传播机制在后期得到了不断改进。还是将两个产品捆绑在一起推广，但被捆绑的两个产品具有类似或合作的属性，这样用户的接受度就会更高。比如促销活动中，一些护肤品品牌会将爆款产品和其他产品捆绑成套装出售，但因为两个产品之间有合作的属性，而套装的价格更加优惠，用户也会主动购买。

在社群营销中，服务类产品经常进行捆绑式传播，比如课程买一送一、买书送课等，这种方式能减轻用户的负面情绪，吸引他们主动了解和购买。

2. 利益式传播机制

利益式传播最受用户的信赖，因为这种传播机制的确能使用户获得一定利益。最典型的模式就是拼多多在早期扩张时，通过分享给好友砍价的模式，鼓励用户通过分享来获得产品折扣或免费领商品；还有疯狂的拼多多砍价和好友助力拿现金红包，瞬间席卷了全国人民的社交圈，几乎人人都曾经帮助亲友或主动发起过砍价。而拼多多通过这种病毒式的营销方式，快速打出知名度，在已经成熟的电商产业中杀出一条血路，拥有了几亿用户，成为不可忽视的主流电商平台。

拼多多用自己的模式证明了"撒钱"永远是最好的营销方式。这种以刺激为主的利益式传播机制在传播初期就能获得非常显著的效果，是很多大企业和平台喜欢使用的营销手段。

这些手段除过折扣和红包，还有一些平台为长期保留推广链接，只要老用户可以推荐新用户，让新用户通过这一链接进行注册和消费，老用户就能获得相应的金钱回报。这种方式百试百灵，但需要有足够雄厚的资金支持。

3. 节日传播机制

节日是信息传播的高峰时期。人们会通过许多有仪式感的活动来庆祝节日，或是互相转发祝福，或是更换同样的社交媒体头像等。节日，就意味着大量人群在同一时间会进行相同的动作，这是进行病毒式传播的绝好机会。

举例来说，每到重要的传统节日，朋友圈或微信群中都会有亲友转发这样的公众号消息或文章，标题类似于《端午节，你应该吃这些》《春节做这五件事，来年幸运爆棚》……在节日期间看到这种应时应景的信息，人们会有更强的转发欲望。这样一来，病毒式传播就形成了。

病毒式传播的方法不局限于以上这几种，只要能引起人们的共鸣和转发冲动，信息就能在人群中快速爆发。

2020年，脱口秀火遍全国，几乎每次《脱口秀大会》播出的那天，一些引发共鸣的句子都会因为大家共同搜索而热度暴增，最后出现在热搜。这些句子为什么可以在出现之初就快速传播？因为它们具有很强的娱乐性，能调动观众的情绪，所谈论的内容又能调动观众的认同感，强烈的共鸣和快乐会让观众乐于去传播和讨论它。

2015年，河南一位中学教师顾少强的辞职信，虽然只有短短十个字，却引爆网络，直至现在仍令人记忆犹新。"世界那么大，我想去看看"，这简单的几个字道出了无数上班族共同的内心想法，也因此传遍全国，这封辞职信更被称为"史上最具情怀的辞职信"。所以，病毒式传播的核心其实并不难掌握，难的是如何把握人们内心的需求。

要借助病毒式传播，引爆社群热度，可以从这种经典的模式出发。你是否知道雪崩效应？雪崩效应的意思是，一点微小的改变都可能造成巨大的不可逆变化，就像在雪山上喊了一声，就可能造成一场雪崩。雪崩效应是病毒式传播的一种经典模式，如果将人群的情绪看作是雪山，前期的情绪累积就像厚厚的积雪，只要我们能找到情绪的突破口，很容易就能引发巨量传播的共鸣，达到病毒式的传播速度。

1. 寻找情绪的"积雪"

只有在雪山上才会发生雪崩，雪崩效应一定会发生在有前期积累的事件上。要利用社群的情绪共鸣来引起病毒式传播，必须寻找情绪上的"积雪"，也就是人们不断累积情绪的部分。只有触动这样的情绪基础，才有可能引发连锁反应。

就像那封充满情怀的辞职信，不需要华丽的辞藻，只需要十个字就能引爆流量，归根结底是因为人们对"出去看一看"有强烈的情绪积累，所以在找到突破口之后才会引起强大共鸣。

2. 撬动情绪的关键点

有很多社群虽然有大量成员和一定热度，却很难引起快速传播和爆发式增长，更不要说实现流量变现。根本原因是，这些事情没有真正撬动成员的情绪关键点，既然没有打动自己的粉丝，又怎么可能实现增长和变现？

很多教育矩阵和社群能快速扩张的原因，就是利用了人们的焦虑心态。不管是父母的育儿焦虑，还是个人在职场中感受到的自我提升焦虑，都促使他们产生了学习的欲望。教育类的社群正是利用这一点，扩大人们心中的焦虑感，让人意识到学习的紧迫性。这时再推出相应的学习课程，就更容易被用户接受。

这些社群很好地把握了用户的情绪关键，知道目标用户群在意的点在哪里。但要注意的是，适当利用情绪，不等于肆意贩卖情绪，有些社群和品牌通过贩卖负面情绪，刺激人们不断付费，形成不良的社会风气最终反噬自身，是我们不想看到的。

这就涉及下一点要谈到的内容——让雪崩效应有可控性。

3. 雪崩效应要在可控的范围内

雪崩是不可控的，那我们要利用雪崩效应进行营销，就需要将它掌握在可控的范围内。雪崩效应引发的病毒式传播，可以给社群带来快速增长，但这种增长应该在我们的掌控之内。不要任由雪崩效应一直存在，本质上它是利用了人们的情绪发泄点，这种发泄在一定程度内是健康的，过度发泄就会形成负反馈。

早期，一些公众号矩阵通过制造敏感话题来"引战"，增加讨论度、调动人们的情绪，快速收割了一批粉丝。这些公众号的确利用情绪上的雪崩效应，实现了快速扩张，但达到一定体量之后，这种扩张就失去了控制。在这些公众号的引导下，粉丝的情绪变得越来越极端，信息的传播也变得不可控，最终形成了公众号难以左右的舆论，导致公众号的运营功亏一篑，还给社会带来了不良后果。

所以在运营过程中，我们可以找寻人们的情绪痛点，通过激发共鸣的方式创造情绪上的雪崩效应，但也一定要把它控制在合理范围内。积极的信息传播机制，能给社群带来长久持续的稳定曝光，也能延长社群生命力，实现健康发展。

第五节
打好感情牌，带来高效率传播

高效率传播的秘诀之一，就是营造沉浸式的传播氛围，打出一张感情牌，让用户更容易接受社群营销。

生活中有一些营销模式并不为用户所接受，比如随意投放的硬广。一旦用户对信息的接受度下降，那我们的社群营销就很难产生强烈的传播效应。所以营造沉浸式的传播氛围，就成为了一种非常独特且有效的模式，虽然用户知道我们可能在做营销，但接受度也很高。

这种模式打好了一张情感牌，重点就是将用户情感需求放在第一位。尤其是在当下，互联网的发展让人与人之间的连接变得广泛，但也让感情连接变得脆弱。这一代年轻人非常重视自己的内心情感需求，所以，针对内心情感打造沉浸式的氛围进行营销，可以获得意想不到的收获。

去年一位朋友跟我说，他跳槽了。他所描述的新公司待遇让我感觉很惊讶，因为开出的薪水并不比现在更高。但朋友却告诉我，他对这家新公司很满意，因为公司老板非常懂年轻人，不管是公司的氛围还是工作模式，都让他觉得非常愉快。新公司也不实行"996"，工作效率一点都不低。

对新公司的认可，让朋友在那里一直工作到现在。他不仅在不久前刚刚加薪，更重要的是，整个人的生活状态都跟之前有了很大差别。

这就是自身的情感需求得到了满足的表现。人是社会性动物，而不仅仅是流水线上的一颗螺丝钉，我们的情绪需要得到满足。做运营的时候，想打造最高效率的传播，就一定要戳中用户的情感需求。社群在营销时想要打好这张感情牌，可以从下面几点入手：

1. 抓住用户本身的情感需求

社群是基于人的兴趣而建立的，而同一个社群中，成员之间彼此的认同感来源是他们共同的兴趣，也是他们的共同语言。

在豆瓣上，你可以看到各种各样以兴趣小组为模式存在的社群。其中，有的小组号称是《武林外传》十级学者，有的小组则是《还珠格格》的忠实拥趸……这些80后和90后童年中的经典之作，吸引了一群有着相同回忆和爱好的人。

抓住用户本身的情感需求进行社区营销，与这些小组的建立模式不谋而合，就是通过勾起用户的共鸣和回忆，再现他们过去的一些共同经历，快速传播社群信息。

现在就有许多自媒体主打怀旧风格，经常在平台上发布一些能够引发大家共鸣的话题或者相关资料。比如，80后和90后童年共同的回忆游戏"红白机"、国民美食"辣条"、小时候吃干脆面收集的游戏卡等。你会发现这些话题经常登上社交媒体的热搜，能在平台上获得大量的关注和浏览，这就是共同的回忆带来的共鸣感和认同感。

抓住这种认同感进行营销，就相当于抓住了一大批人的情感需求。

2. 抓住那些影响用户的人

在营销时，除了摸准用户自身的情感需求之外，找到有一定影响力的人，借助他们的力量进行营销，也可以勾起人们的情感共鸣，达到让信息高效率传播的目的。

比如，在某个领域有一定影响力的名人或家喻户晓的明星，只要是能与用户产生正面情感连接的角色，都能勾起大家的共鸣。

例如，香港电影辉煌的时代，影响了80后和90后两代人，说起李连杰、周润发、周星驰、成龙的名字，相信无人不知、无人不晓。更不要说不老男神刘德华,他英俊的形象、敬业的精神以及高尚的品德吸引了无数粉丝。

似乎香港娱乐圈辉煌的时代已经过去了,但这些人在我们身边留下的影响仍然存在,这就是情怀的力量。前不久,刘德华第一次在抖音平台直播自己出道40周年的纪念活动。一场不过两个小时的直播,观看人数破亿次,创造了抖音历史上的最高纪录。

这是偶像的力量,也是一代人的情感共鸣产生的力量。最近,《披荆斩棘的哥哥》这档综艺节目也请来了许多香港娱乐圈旧日男神,不管是张智霖还是陈小春,都是代表一个时代的熟面孔。从很多衡量角度来看,他们似乎已经"过气"了,但当他们出场,带来的收视率和话题度出乎意料地高。这也是情怀的力量。

一句"欠星爷的电影票该还了",助力周星驰的电影《美人鱼》突破了30亿票房大关。这话放在别人的身上未必能成立,但放在周星驰身上却并不意外。周星驰的喜剧电影陪伴了太多人的童年,也给大家带来了许多欢声笑语。对周星驰式幽默的认可和没能买一张电影票支持周星驰的歉疚,融合在一起,构成了一种巨大的情感力量,让这句广告词瞬间引爆了大家的共鸣,产生了难以想象的传播效果。

所以,你可以想象,营造一种沉浸式的氛围、塑造大家的情感共鸣,能在社群传播中起到的正面作用。

3. 抓住那些影响用户的事

一些共同的节日、重要的时间节点,只要影响的人越多,利用这一时机进行传播的效果就越好。

比如,春节期间在同一时间段内最受关注、话题度最高的事件是什么?没错,就是春晚。尽管这些年因为娱乐方式越发丰富,春晚给人们带来的娱乐满足感大大降低,已经不再是当年全民期待的盛会,但"看春晚"仍然是很多人每年春节必不可少的活动。

这种矛盾使许多人养成了"一边看春晚,一边吐槽春晚的习惯"。于是,微博平台的各大自媒体干脆联合推出了"春晚段子手大赛"的活动,在春晚直播时,自媒体大V会同步在平台上发表自己的观看感言,可谓是妙语连珠、笑点不断，反而成为了许多人非常关注的一项活动。借助春晚这个全民盛会吸引大量流量和关注，这可谓是营销的典范案例了。

除此之外，像奥运会、中秋节、高考等重要的时间节点，如果能输出相应的有质量的内容，也能为我们带来许多流量，引爆高效率的传播。这些都是一种感情牌，因为我们抓住了人们共同牵挂的社会事件，就抓住了用户的情绪。

在进行社群营销时，以上这三种方法都可以灵活使用。一些重要的、引爆信息传播的节点，只需要我们细心去观察，只要你始终将用户的情感需求放在心上，就一定能打好这张感情牌。

第六节 抓住社群传播中的明星效应

前几年,"星店"的概念非常流行。这是指,明星在线下开设一些实体店铺,通过自己的影响力为线下的店铺宣传,像火锅店这种餐饮消费类产品就是明星最青睐的投资选项。

然而伴随着时间的流逝,这些"星店"大多数都经不起市场的检验,因为各种原因经营不善而闭店。大众与明星投资人都意识到了这一点——明星的企业并不能拥有明星本人等同的热度。

也许你会举出一两个反面例子来证明,比如谢霆锋的品牌"锋味"在线上线下都饱受好评。但这些星店能够被市场认可的本质原因,是产品用足够好的质量征服了消费者,并非仅是明星本人的带货能力体现。

这让我们开始思考解构"明星"的特殊性。在社群运营中,我们也想打造明星效应,给信息传播赋能,让社群可以达到爆发和裂变。但明星效应并没有这么简单,你看,就连明星给自己带货都这么容易翻车,明星的力量到底体现在什么地方?哪些是我们能够借鉴的?

如果能抓住社群传播中的明星效应,引爆裂变将不仅仅是梦想。

一、社群"造星",是明星效应的基础

在社群信息传播中打造明星效应,第一步就是"造星",只有先建立明星形

象，才能更好地实行明星式的传播。

在社群中"造星"，需要做到下面几点：

1. 建立人性化的账户角色

作为社群的运营者，想要在社群中"造星"，就一定要注意在经营账号时注重人性化的互动。

很多朋友在经营社群时，为了体现账号的权威性，在账号中发布的信息都比较公事公办，尽量少地掺杂自己的个人情绪和想法。这当然是一件好事，但这样的账号很难激起大家的情绪共鸣，让人下意识觉得这就是一个冷冰冰的公众号。

所以正确的社群"造星"方式，是除了社群的官方账户之外，也要经营一个有一定人情味儿的私人账户，通过和社群成员建立人性化的互动，加强彼此的情感连接，塑造明星效应的土壤。

比如，打开微博，可以发现马云的微博有几千万的粉丝，这一粉丝量达到了淘宝所有粉丝数量的两倍！从线上的影响力来看，显然马云的个人账户效果大于淘宝的官方账户。

从线下来看，如果马云举行宣讲会，就算不进行特意宣传，也会人满为患。甚至许多从事商业活动的人，愿意付钱和马云交流、吃饭。与此相反，人们对淘宝平台却没有很强的情绪依赖，能够以平常心来看待。

这就是一个人性化角色账户和企业账户之间的区别。淘宝在运营的过程中，也想塑造出一个能代表淘宝用户社群的角色，拉近和消费者之间的距离。但归根结底，大家心中的淘宝只是一个购物平台，其情绪的影响力是远远不能和真人相比的。

所以运营社群时，我们一定要注意官方账户、企业账户和个人账户之间的区别。想要打造明星效应，就不能依靠冷冰冰的官方账户来进行运营，建立一个人性化的角色跟用户进行互动，才能拉近彼此的关系。

2. 满足用户的好奇心，可以增加明星账户的曝光率

建立一个人性化的账户角色只是基础，能否成为明星账号，还要看我们能给用户带来什么信息。想要在社群中"造星"，我们所选定的角色一定要给社群用户带来吸引力，最简单的办法就是满足用户的好奇心，这可以快速增加账户曝光率。

在一些小众的兴趣圈子，"产出"和"创作"的账户拥有最快的曝光速度，其积累粉丝的过程远远比其他账户更迅速。因为产出和创作内容满足了大家对这个圈子的兴趣，也就满足了好奇心。

所以我们在运营账户的时候，可以从三个问题切入：

用户在这个社群中想得到什么？

用户对这个领域最好奇的是什么？

有哪些专业的知识可以提供给大家？

提供一些专业的知识，是既能满足大家好奇心，又能给大家提供服务的方式。2021年的天猫双11活动，某主播团队推出了《令人心动的offer》这个综艺节目，获得了快速的曝光，不仅给甲方做了宣传，还给用户砍到了好价格，在双11斩获了惊人的销售战绩，可谓是一举多得。

为什么这个综艺节目吸引了很多人观看？甚至有些人根本不是目标消费者，仅仅是为了这个综艺节目而来。原因就是，这个节目满足了大家对淘宝主播行业的好奇心，观众可以看到甲方和主播团队进行商业合作的幕后流程，这是一种前所未有的体验。

而且这种体验只有专业的人能提供，大家的好奇，也只有专业的人能解答。专业，也是我们的一种优势，就像"逻辑思维"的社群注重提升大家的思维和学习能力，"秋叶PPT"社群注重提升大家的职场技能等，找到自己所在的社群吸引人的专业点，通过满足用户的好奇心，可以快速打造明星账号。

二、引爆社群的明星效应

通过对社群账号的打理，我们可以收获一个拥有明星效应潜力的账号。接下来要考虑的就是如何引爆这一效应。

1. 发布的内容要符合社群定位

运营社群的明星账号时，发布的内容一定要符合社群定位。你有没有想过，为什么明星在直播带货、线下开店时，明星效应常常失效，导致自己面临职业生涯的"滑铁卢"？究其原因，还是因为忽略了"术业有专攻"几个字。

网红之所以能在这些领域拥有超过明星的影响力和市场，并不是因为他们更具有知名度，而是因为他们的专业性。知名度并不是一张通行证，想象一下，一家有知名厨师坐镇的餐馆和一家明星开设的餐馆只能选择一个，你会怎么选呢？我相信大多数人都会选择前者——这就是专业性的重要之处。

所以，我们的社群账号要发挥明星效应，在发布内容时就一定要注意符合账号的定位，只有贴合账号本身的专业性、贴合社群气质，发布出的信息才能更快地被用户接受、信任，进而产生更强大的传播效应。

而且，这也强调了我们输出内容的"垂直性"。在运营自媒体账户时，在细分领域保持内容输出的持续稳定性和垂直性非常重要，有助于吸引和沉淀跟我们社群有相同目标的用户，在后续的粉丝沉淀和转化中也能产生更高的效率。

2. 发布的内容要有互动和参与性

想引爆社群信息传播的明星效应，也就是社群中"一呼百应"的传播现象，首先要设置一个具备互动和参与性质的话题。

我的一位朋友非常擅长演讲，在他的讲堂上，气氛经常十分热烈，大部分人听完之后都对他的演讲赞不绝口、印象深刻。

朋友说："秘诀就是让演讲有'沉浸式'气氛。"

他说，大多数人都是表达欲大于聆听欲，所以你很难要求一群人一直坐在台下聆听你一个人说话。更好的办法是给他们创造一个"表达"的机会，人的情绪会因为参与而被调动，精神也会因此更集中。

所以，他的演讲也是"大家的演讲"。

这种演讲让听众产生了非常强的参与感，情绪也被调动起来。所以，要激发粉丝在传播过程当中的积极性，就一定要让粉丝产生参与感。发布一些有互动性的话题，跟粉丝进行交流、鼓励粉丝进行再创造，比一般的话题更有热度。一些粉丝发言和互动的过程，也起到了再次传播的效果，这就实现了社群信息的快速传播和社群体量的增长。

抓住这两点打造明星话题，你也能感受到爆发式的传播力量。

第五章

互联网 5G 时代，玩转新社群模式

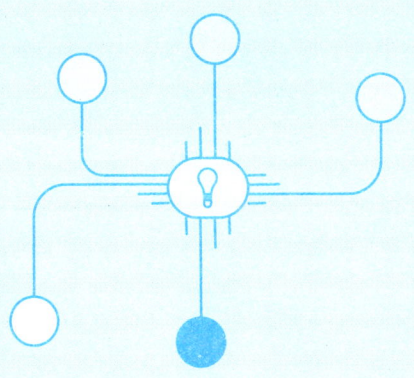

进入互联网5G时代，我们能感受到即时通信更快的速度。当4G时代到来，通信速度加快导致短视频实现了爆发，5G时代又能给我们带来怎样的惊喜呢？可想而知，很多生活方式都会因为即时通信速度的加快而产生了改变，社群的运营会随之更改。想要玩转新的社群模式，就要发掘互联网5G时代的特色，让社群经济可以真正借助时代的力量实现腾飞。

第一节
什么是引爆社群的4C法则

在讨论5G时代新的社群玩法时,我们一定要先来看一看什么是玩转社群的4C法则。这一法则在互联网5G时代的丰富场景之下,会发生非常大的改变。可以说,这是最适应这一法则的时代,这也是经营社群最好的时代。

4C法则是在不同场景下的一种社群运转思考路径。我们在前面谈论社群的时候,反复强调过社群的重点是人与人之间的关系。也就是说社群经营的不仅仅是用户,更是用户之间的关系。简单将用户集中在一个平台或小圈子里,只是开始,运营社群的秘诀,是让这些用户通过某种联系活跃起来,真正从路人转化为我们的目标消费者。

这个过程,我们需要按照4C法则来进行思考。"4C"分别是:

场景(context)—人群(community)—内容(content)—连接(connection)。

下面我们就来看一下,互联网时代的4C法则有怎样的变化和侧重点。

1. 5G时代的"场景"更丰富

这里所说的"场景",就是一个适合用户产生连接的场景。我们需要有这样一个场景来凝结社群用户,不是随意选择一个场合。

社群是用户因为兴趣而聚集在一起的,也就是说我们对用户有很强的要求,不是任何人都会成为社群的经营对象。这些用户是特定的,从什么地方找到他们就显得格外重要。

如果你经营的是体育方面的社群，选择在虎扑社区进行"潜伏"和发展就很合适，因为这里聚集了大量热爱运动的男生。或者，你也可以选择像"Keep"这样的健身APP社区，从这一平台场景下开发和吸引你的用户。这些地方都是目标用户密集出现的场景，而且这些场景很有可能都与运动有关。这就让我们很容易引出社群的话题，进一步开展人与人之间的连接。

5G时代的到来，让这种连接场景变得更加丰富了。试想一下，在没有互联网的时代，你怎样去寻找这样有一定兴趣的用户密集聚集的场景？如果是小众的爱好，可能你一生也遇不到几个有相同兴趣的同伴，生活中的触发场景简直少之又少。而在2G和3G时代，即时通信速度的限制，让我们仅仅能通过简单的文字和图片进行交流。不管是视频还是有一定质量的高清图片，都会受限于网速，难以在移动端进行传递。

5G时代的到来，让移动端的网速得到了飞速发展，也让人与人之间的交流方式变得更加丰富。我们有更多的机会去触发人与人之间交流的场景。所以，即时通信的速度与社群发展机遇是呈正相关的。

2. 5G时代的"人群"更活跃

5G时代促进了移动即时通信的发展，让手机互联变得更简单了，也就让用户越来越愿意把时间花在上面。从某些角度看，过于依赖手机并不是一件好事，但对社群的运营来说，用户愿意将更多时间留存在线上，就会为社群发展带来良好的机会。

与此同时，5G时代的人工智能与大数据技术得到进一步发展，智能化的定向推送，让社交平台可以更准确地捕捉用户的喜好倾向。不管你是拿起手机听音乐、浏览新闻、看视频还是进行搜索，这些互联网平台都能非常精准地通过猜测你的喜好，来给你进行针对性的内容推送。这种技术也间接地实现了人群的聚集，让有相同喜好的人，可以更快速地找到自己的同伴。

这对社群来说是非常好的发展趋势。有相同喜好的人聚合性越强，社群在发展用户的时候，需要着眼和聚焦的营销点就越集中，不仅营销方向更有针对性，效率也会加快。

3. 5G时代的"内容"更优秀

5G时代，技术的发展促成了大众传媒的快速成长，我们在互联网平台上接触到的信息形式越来越丰富，内容也越来越充实。这个时代的每个人都有机会成为一瞬间的主角，人的创造力得到了最大程度地彰显。借助于大数据技术进行的智能筛选和推送，创造成果被人看到的机会也越来越多。可以说，是金子就一定会发光。

时代带来了内容传播最好的土壤，所以内容创作的门槛也随之提高。你会发现，现在的观众越来越挑剔了，现在的用户也越来越见多识广。这并不是一件坏事，真正优秀的社群一定可以在这样的环境下脱颖而出，走到舞台的中心。

社群的时代是内容和创作的时代。优秀的作品才是吸引所有人关注的基础，高质量的内容是支撑一个社群健康长久发展的内在动力源。

味全品牌的果汁产品"每日C"，在进行宣传时就选择了用有趣的内容来撬动年轻人的市场。他们在果汁的外包装上去掉了自己的品牌Logo，取而代之的是一些让年轻人看了之后能产生共鸣或会心一笑的标语：

"你爱美，你要喝果汁。"

"熬夜辛苦了，你要喝果汁。"

"听妈妈的话，你要喝果汁。"

……

这些标语丰富多样，让同样的果汁在包装上产生了差异。通过这样有趣的内容，味全借助果汁瓶子与用户实现了在空间上的连接。用户买饮料的行为多了一些情感上的触动和与品牌的互动，这就实现了相较于其他果汁品牌更深的连接。

而这一连接就是靠好的内容搭建起了桥梁。所以经常有"百万文案"的说法，意思就是优秀的文案在宣传过程中起到的作用价值百万。

4. 5G时代的"连接"更高效

味全的果汁产品"每日C"通过修改包装的方式，做出了更好的品牌宣传效果，最重要的节点是修改了包装的内容，而关键的最后一步则是借助这个内容和用户实现了在场景中的连接。

引爆社群的4C法则，重要的还是连接，而且是发生在场景下的连接。

当你看到普通的宣传语，会产生情绪上的触动吗？会联想到什么场景吗？一般是不会的。但是，当我们看到味全的宣传"熬夜辛苦了，你要喝果汁"时，很容易联想到一些特殊人群的消费场景，比如一个刚加完班准备回家的疲惫上班族。这就是一种能在特殊场景下发挥强连接效果的宣传营销方式。

当品牌面临的买家真的是一位刚熬夜晚归的加班族，在货架前看到这个标语，选择这一瓶果汁的可能性就会大大提升。因为在这一刻，营销不再局限于单个产品，而是针对这一购买场景设定的。在场景中，顾客和产品之间产生了交流和情感上的共鸣，所以更容易激发购买行为。

而5G时代，发生在场景下的连接更高效。社群的营销和发展借助于大众传播的力量，而传播效率就是取决于人与人之间的连接速度。在5G时代，信息的传播速度前所未有地加快，内容的传递方向也更加精准，这在各个意义上都说明，连接的效率将得到大大提升。

通过理解互联网时代的4C法则，可以更精准地拿捏社群信息传播的节点，让信息可以更高效准确地传达给用户，让宣传营销直击重点。

第二节
连接思维,打开社群传播链条

连接才会产生价值。互联网时代的连接无处不在,生活因为这种技术变革发生了从线上到线下都日新月异的改变。

你会发现,人们现在更多地依赖互联网进行生活和工作,将一些日常活动的需求从线下转移到了可以互联互通的互联网平台上。以前我们听音乐需要去实体店购买唱片,现在唱片业早就走入了寒风,甚至趋近消亡,人们开始习惯于消费更加方便的数字流媒体音乐,在专业的网络音乐平台上一键就可以购买并听到高质量的歌曲;以前人们习惯在书店购买纸质书刊杂志,现在只要使用手机、平板或Kindle就可以阅读电子书,甚至不同的阅读器能满足不同人群的需求,纸质书的群体也快速萎缩了;以前人们使用纸币或银行卡支付,现在已成为移动支付的天下……

整个世界都在因为互联网的技术发展而颠覆性的改变,一个智能化的时代在向我们缓缓敞开大门。如果你不能使用互联网的连接思维去思考问题,不能跟上发展的脚步,就可能被未来智能化的世界所抛弃。想象一下,现在我们已经实现了使用智能手机来开门、控制电灯开关、提前设置空调或洗衣机等功能,生活已经变得方便了许多。如果未来,还有更多智能化服务可以解放我们的双手,通过移动互联解决更多问题,是不是生活方式又会产生新的变化?

所以，社群的发展一定要紧跟互联网的发展潮流，实现深度链接，才能促进信息和产品在社群内部快速高效流动。

一、连接的链式反应

链式反应一定是基于社群乃至跨社群的一种功能。它是指，根据社群构成的网络结构，让信息从中心节点逐渐向分支传播，从最核心的社群一级一级向外辐射。通过这种方式，信息就能像燎原的星火一样迅速传播开来，进而产生引爆社群的效果，甚至产生跨圈的影响力。

只有社群的运营模式，可以利用好这样的连接思维打开传播链条。传统的企业结构是层状的、立体的，每一级人员都各司其职，成为组成企业的一个重要零部件。这种企业结构必须牢牢控制人员的数量，员工数量的冗余会给企业运营带来负担，而不同级别部门的员工之间也有交叉的合作关系、上下级的领导与被领导关系等，注定不可能成为一种平面化的结构状态。

但社群则不同。不管是核心社群还是外围社群，大家的身份和地位都是平等的，从最中心节点的社群辐射到核心社群，从核心社群发展出外围社群，整个结构是平铺并向外辐射的状态，每个社群节点都是链条中的一环。

辐射线的一端连接着社群创始者和管理者所在的最中心社群，而另一端则是无限向外延伸的。这意味着社群的铺展没有上限，任何一个社群成员都可以以自己为节点，向外发展新的社群。这种链式反应就是孕育连接思维的土壤，一旦社群需要发布什么信息或产品，需要从核心社群发布，然后鼓励大家一级一级向外传播，就能引爆整个链条的传播。

二、连接思维的运营重点

互联网时代就是一个运用连接思维来发展产品的时代，所以我们说这正是发展社群最好的时代。从互联网诞生的那一刻起，"连接"的思维就孕育出了许多影响力巨大的公司。阿里巴巴并不是产品的生产商或贩卖商，它只是通过一种平台创造了买家和卖家之间的连接，却成为中国第一大电商品牌。打车平台并没有生产或拥有自己的一辆汽车，但车主和乘客通过这一平台产生了连接，甚至改变了一代人的出行习惯。

社群也是一种典型的连接方式，它将有资源的人与想利用和学习资源的人联系在了一起，以社群的形式为大家创造了一个可以互动交流的平台。所以，运营社群其实就是在运营连接，运营这种关系。你不需要成为一个提供或生产资源的角色，你只需要去创造一个平台，给其他人创造交流的场景和机会。

所以，社群思维就是要有连接思维，运营的重点是给大家创造平台，而非让自己成为资源的生产商这个角色。

我朋友圈里有一个昵称"QQ姐"的好友，做的就是名师训练营的社群。她以前从事教育行业，又先后在喜马拉雅、知乎等平台就职，后来离职创业建立了自己的社群。QQ姐自己并不是教育行业的名师，她做的工作都与运营相关。但在线上平台做了这么多年的知识付费，QQ姐积攒了很多名师的资源。所以，她隔三差五就可以请到各行各业的名人，为大家开展短期的训练营课程，这些课程在社群内部报名都有极高的优惠价格。

所以，QQ姐社群里有许多对自我提升有要求的用户，并且有非常强的付费意愿。

有一年，她请到了18位考入清华或北大的曾经的省状元，请他们来进行知识分享，讲解自己在高中时期是怎样备考的。来自省状元的考学经验吸引了许多高中生和学生家长，因为分享训练营的链接可以实现课程费用减免，许多家长都将这一课程信息分享到了自己身边的同事群或家长群中。在同一年龄层次的微信群里，很多家庭都有同样的需求，这就促成了信息的有效传播和链式爆发，让QQ姐的分享课程一下子卖爆了。

所以连接思维的运营重点不是自己会什么，而是自己懂运营。你不需要成为资源的拥有者和知识的传播者，你只要成为平台的运营者，帮助协调分配这些资源，就能运营起一个好的社群。

懂得连接思维，可以帮助我们打开社群的传播链条。

三、连接思维面向的对象是弱关系

根据两个连接对象之间关系的紧密程度,可以分为强关系和弱关系。强关系就是指我们的熟人圈,比如亲友、同事或者客户群。一个成功的社群,绝对不能基于强关系来建立,只有走出自己熟悉的内部圈层,面向弱关系发展连接,才能建立一个成熟的社群。

社群的思维不是杀熟,不是让亲朋好友碍于自己的面子对产品进行付费,而是将这些产品推广到真正需要他们的人面前,实现资源的再分配,达到双赢的效果。强扭的瓜不甜,仅仅在自己的朋友圈内发展社群,很难找到足够多真正的目标客户,还容易让社群关系掺杂着线下抹不开面子的人情,对社群的发展有害无益。

连接思维所面向的一定是线下的弱关系。比如在生产产品和消费的过程中,生产链条上下游合作企业之间就是强关系,可以算是绑在一条绳上的蚂蚱。企业与消费者之间的关系就是弱关系,仅仅依靠产品来进行连接。

企业花大量的金钱、时间和精力进行宣传,目的不是维护强关系,而是要打通和消费者之间的弱关系。社群的存在就是企业梦寐以求的捷径,因为它的交流属性,让运营者可以在社群当中与用户建立、维护长期的弱关系,这就省下了大笔的宣传费用。

所以连接思维面向的就是弱关系。弱关系不像强关系,天然就有利益捆绑,维持这一连接就必须要对社群进行长期积极的维护。仅仅依靠利益而存在的社群缺乏长期生命力,很难保持长久的活跃性和用户之间的关联性。所以,社区建设才会强调发展文化,突出产品的文化气质,让社群具有亚文化圈的特点,才能让社区内的用户之间产生较强的持久连接,并且不断吸纳活跃的新鲜血液加入社群。

当你读懂了连接思维,就会对在互联网5G时代下玩转新社群的规则有更深的理解。这个时代的新社群,一定要拿出真心来对待用户,以社群的创造力为基石,建立长期的有文化气质和情感温度的连接,通过扁平化的社群运营,扩大规模并和用户一起成长。

第三节
适合的互联网媒介，助力社群构建

网络社交媒体是当代人生活中不可割舍的重要部分，甚至成为年轻人社交的主要媒介。过去，鉴于技术的局限，人们习惯了线下的聚会或者借助电话等方式进行远程交流，由于移动互联网还不成熟，即使有QQ这类的即时通讯软件，也只能在电脑上使用，极大局限了互联网的即时通信能力。但是现在不同，社交媒体的种类极其丰富，形式也非常多样，不仅有几个传统的社交平台可以让大多数人进行交流，有不同爱好的人也可以在不同平台发展自己的社交圈，比如专注女性和生活的小红书、专注美食分享的大众点评、进行二手商品售卖交易的闲鱼等。它们改变了人们的生活方式和思维习惯，我们习惯了信息共享，也开始用这样的思维处理问题。这让我们进行的社群营销变得更加"恰逢其时"，因为信息的流转有了平台，连接的思维有了土壤，人们可以轻松地接受并适应社群的交流模式，也能促成社群营销的成功。网络社交媒体，在社群时代对任何人都十分重要。

从企业的角度去看，网络社交媒体正在逐渐成为宣传的主阵地，尤其是对一些与生活相关的品牌而言。例如一个美妆品牌，最有效的营销不是斥巨资打造一支精美的广告然后在主流的线上和线下渠道进行播放，而是用微小的成本去撬动网络流量，在网上打造出讨论度。是的，也许你在过去很难做到这一点，但是现在，很多国产美妆品牌通过跟直播大V或者一些女性平台合作，就做到了用小成本撬动大流量，在人们的互联网生活里刷足存在感。而在其他领域，互联网媒体也体现了这样巨大的影响力。

从消费者和用户的角度讲，我们也能理解互联网媒介的重要性。这些网上平台代表大量用户，也就是难得的"人气"，只有有人气的地方，用户才能在浏览时获得想要得到的大量信息、产生有效的交流。一个社交媒体平台最怕的就是没有踊跃发言的高质量用户，只要活跃着有趣的灵魂，就会吸引其他人前来交流和围观，进而产生流量的井喷。活跃的用户就代表人气、创造力、生命力，也代表了用户想要的信息。所以从用户的角度去看，互联网媒体也具有举足轻重的地位。

5G时代人们的思维正在随着社交媒体的影响而产生变化，它甚至能够影响我们的决策。甚至有人认为，正是移动互联时代爆发增长的碎片化信息和快速流行的短视频，改变了当下很多人的思考方式。

在这种情况下，借助合适的互联网媒介，可以帮助我们构建社群。需要强调的是，我们选择什么样的互联网媒介才叫"合适"。

1. "日活"高的社交媒介不一定是最适合的

根据一些网站的调查，相当多的网民都将超过25%的上网时间放在浏览社交媒体上。但这并不意味着我们在进行社群营销的时候，"日活"越高的社交媒体就是越适合的。"日活"就是一天内的日均活跃设备数，可以看作这一天内登录平台的用户数量。日活越高，说明实际的使用人数越多，在日活高的平台上发布的消息，理论上可以被更多人看到。

但实际上，发展社群要看的不仅仅是用户数量的多少，还要看这些用户的调性与我们目标客户画像是否相符。根据我们的社群定位，可以选择一个主攻的社交平台。

完美日记是知名的国产美妆品牌，从2018年开始，完美日记就将最大的宣传投入放在了小红书平台上，通过在小红书内的KOL（Key Opinion Leader，关键意见领袖，此处指主播）进行宣传，完美日记很快打败了诸多国内外品牌，据媒体报告显示，一段时间里成为市场占有率最高的本土美妆、中国市场上占有率第二高的美妆品牌。

2018年是小红书的快速发展期，这个社区类APP达到了过亿的日活数量。但是，和微博、抖音等主流的社交平台相比，小红书的目标用户相对还是较少。为什么完美日记偏偏选择了这样一个平台去投放自己的广告呢？

就是因为小红书平台的运营定位和所吸引的用户目标，恰恰符合了完美日记的客户画像。小红书的运营方向就是分享生活的社区类APP，绝大多数使用者是相对年轻的女性，她们会在平台上分享大量生活中的吃穿住行体验。所以，"种草拔草就去小红书"已经成为了很多女生的共识，大家会专门在小红书上搜索关于美妆品牌使用感受的相关信息。在这种情况下，专攻小红书上的运营，就成为品牌更高效精准的选择。

所以我们要构建社群，一定要选择与社群调性最为符合的平台。找对了平台，可以更快速地吸引用户，实现扩张。

2. 女性活跃度高的互联网媒介更适宜运营社群

在互联网上，运营社群可以选择一些女性活跃度更高的社交平台。根据经验，一个社群是否活跃，取决于女性用户的活跃程度。而社群的经济转化，很多时候也需要考虑到占比更高的女性用户的意见。

所以，如果我们所运营的社群没有明确的性别标签，就可以选择女性活跃度更高的地方。女性群体更加友好、热情且有耐心，在维持社群的长期生命力上起到了非常重要的作用。

现在很多社交媒体也非常注重女性的社交需求。比如，基于位置来提供社交机会的平台"陌陌"，就非常注重女性用户的需要。在平台内部，有专门的团队每天审核各类与冒犯骚扰相关的举报信息，一天可以处理超过近2万个投诉，就是为了建设更安全的社交氛围，让女性可以在社交网站上有更好的体验。

3. 根据各社交平台的官方模式建立社群

现在，这些社交媒体平台也非常注重社群的影响力，会提供相应的政策和引导，帮助用户建立自己的社群。根据社交平台的定位不同，该平台内所建立的社群在功能、运营上也有很大差别。我们可以根据各社交平台推出的官方模式，顺势而为去发展自己的社群。借助平台的流量和官方机会，构建自己的社群会更加容易。

今日头条在鼓励创作者进行原创输出时，开展了各种各样的活动。其中就有各频道的MCN排名，会根据各MCN的创作者在一段时间内的曝光和原创综合指数，对平台内的原创社群进行不同程度的奖励。在这种情况下，社群一定要有输出能力，吸引更多优秀的创作者进入自己的社群，并培养和发展社群成员的创作能力，这更有助于自身的社群发展。

陌陌网则根据地理位置增加了社群系统。比如，在某个小区的地理范围内，周边人可以加入相关的业主群，大家可以聊一些跟小区相关的话题。业主群如果以QQ群或微信群的形式存在，拉新人进来总是有些麻烦，必须要在邻里之间互相认识的前提下才能加入。但在陌陌群里，只要自己的定位在这个小区，就有机会看到小区的业主群并加入其中。所以，陌陌的这种功能就适用于一些根据地理位置来开发的社群，如果你在线下拥有一家门店，想在线上建立自己的长期客户群，可以选择发展这种能被附近的人搜索到的社群，起到变相的宣传作用。

找到适合的互联网媒介，可以助力社群的爆发。尤其是在5G时代，社交媒体这个赛道已经进入了细分发展的阶段，平台的定位和功能划分越来越细致，方向也越来越独特。找到专注于某个领域的社交平台，可以更精准宣传对应的社群。

第四节
建立虚拟社区，升级社群连接

前面我们讲述了，合适的社交媒体平台可以助力社群爆发。如果社群达到了一定的体量，还借助第三方社交平台来发展社群，难免有一定隐患。比如，平台内的推荐、运营规则可能会限制社群的发展，在一个开放的平台运营社群，可能会让用户流失等。

在这种情况下，就可以考虑建设独属于社群的封闭平台，也就是社群自身的网站。这种模式适用于体量较高的社群，通过建立一个独立的虚拟社区可以加强社群的品牌效应，也让社群成员之间的联系变得更强。在一个有一定主题的虚拟社区里，大家所讨论的话题也会更加专业，这就有助于用户创建更多的精品讨论，成为社区的文化资源，吸引后续的用户，从而形成社区的健康循环。

我们可以在不同主题的虚拟社区与他人进行交流、分享信息、传播知识、寄托感情，在这样的平台上，所有的用户都是为了一个共同的目标而来，就是借助互联网的平台与有相同爱好的人进行某类话题的讨论、分享彼此感兴趣的内容，并通过交流解决自己的疑惑。这样的社区一般都具有一定专业性和方向性，一旦建立起影响力，就会有源源不断的爱好者闻讯而来，后续的宣传问题迎刃而解。所以，一个有专业方向定位的社群，最好的营销模式就是建立自己的社区，进而在这一行中建立自己的影响力，成为不可替代的品牌。

这种虚拟社区可以有一些特定的主题，比如专门用于交流某样爱好，或者参与者都具备同样的特点。比如爱好模型的人会组成一个模型交流社区，在社区里进行技术上的交流或者学习、授课；怀孕的妈妈们会组成一个孕妈社区，因为彼此都是一样的角色，所以有更多的共同语言交流……

强生公司就运营着自己独立的在线网站"BabyCenter"，公司并没有选择将这个虚拟社区并入到自己的品牌名称下，也没有选择在Twitter之类的公开平台上通过添加tag的方式来运营，而是建立了单独的在线社区。这个社区主要讨论婴幼儿的科学喂养，网站根据孩子的年龄来区分不同板块，不仅会发布一些专家的建议或科学研究等文章，还给妈妈们建立了一个独属于自己的小天地，可以进行交流、分享照片、生活日常或者传达经验和解答疑惑。在美国，有将近78%的准妈妈和两岁以下宝宝的母亲都是这个社群的忠实用户。

BabyCenter并不是一个面向全年龄的社交平台，也不依附于任何社交平台。这个独特的虚拟社区最终打出了自己的品牌，也完全自由地进行着社区运营。正是因为拥有独立的虚拟社区，发展才能真正不受限，最终达到这样巨大的规模。

移动互联网的发展让虚拟社区迎来了用户数量的爆发，人们终于可以突破时间空间的限制，在虚拟社区中，自由地进行交流。这加速了社交媒体平台的发展，活跃的用户愿意每天花费更多的时间在互联网交流上，而他们在虚拟社区中投入的时间与精力越多，就越愿意进行更多的投入来维系自己在虚拟世界的交际关系。

在移动互联网时代，每一个社区参与者都是我们要经营的社群成员，活跃的参与者则是社群中不可忽略的中坚力量。虚拟社区中的社群成员，彼此之间拥有朋友一样的关系，他们有共同的爱好，也热衷于探讨同类话题，唯一的特殊之处就是彼此之间并不在线下相识。

但是这小小的缺点也逐渐被攻破。一旦我们的社群营销贯通线上与线下，就可以打破虚拟社区无法发展到线下的壁垒，通过在线下举办相应活动，给社群的参与者更多交流的机会。线上社区的成员在线下见面后就会组成更加紧密的联系，彼此之间的情感联系则会有效延长虚拟社区的生命与活跃度，真正盘活这个相对独立的社群空间。

一个能成功独立存在的虚拟社区，一定具备自己独有的特点，才能将流量从社交媒体平台上引流到属于自己的社群空间。首先，虚拟社区一定要有自己独立的主题，建立社群的基础是共同的爱好，而能将用户引流到单独的社区网站上，基础就是将共同的爱好扩大到极致，让社区拥有爱好者眼中十分良好的氛围，才能吸引用户入驻。比如，哔哩哔哩弹幕网最开始就是以二次元的社区特色闻名，因为最符合二次元文化而满足了这一爱好者群体对社区生态的要求，这才在许多网站中脱颖而出，最终给网站做大和转型创下了前提。所以，要做一个有特色的虚拟社区，服务于某个主题，强化自己的特色，才能吸引这部分用户。

其次，虚拟社区一定是独立且开放的，它不是一个相对封闭的空间，也不是少数人参与的小群组，而是大范围聚集、能让人自由浏览的平台。所以，不要将自己的QQ群、微信群等看作一个虚拟社区，成熟的虚拟社区应该是开放的，这样才能吸引比普通社群更多的流量和用户，实现品牌营销价值和用户的倍增。

与此同时，一个虚拟社区需要保证有数量足够活跃的用户，最好有相对固定的"常驻民"。虚拟社区的好氛围需要用户来维系，固定的人群可以组成相对稳定、成熟的聊天环境，与流动的用户一起，可以保证聊天内容的延续性和创新性共存。一个社群中有一些熟面孔，可以让社群的成员产生更强的归属感，所以这些常驻民的存在非常重要。

除此之外，对于虚拟社区的管理也要特别注重规则性。当我们创设了一个独立的虚拟社区，强调社区规则能够保障社区气氛的传续和社区的健康发展。在网络社会，一个平等自由的环境，给了大多数人发表自己意见的机会。在这里，大部分的意见都是积极的、能带来正面价值的，但也难免会存在一些传播不良信息的话语，有的信息可能触犯了法律、会带来网络安全隐患，有的信息虽然没有什么问题，却不符合社群的气氛和主题，会给社群内部的交流带来负面影响，以上这些都需要我们在经营社区的时候通过规则来约束。如何在这样复杂的环境下兼顾多方，最终保证虚拟社区的长期积极运转，实现有效的社群管理，需要社群的组织者在实践当中逐步摸索，最终找到符合自己社群特色的一套规律。

一条颠扑不破的原则是，经营虚拟社区时制定的规则，其目的一定要指向我们最初创设社区的目标。只要能围绕着目标进行管理，就能把握好社群发展的方向。

简而言之，我们可以利用移动互联网时代的技术红利，将相对封闭的社群转化为更加开放的虚拟社区，加速社区的交流与信息传播速度，实现社群体量的爆炸式增长。虚拟社区也是连接线上与线下社群的桥梁和渠道，可以升级社群的连接，让社群变得更独立、多元、稳定，也让社群发展拥有更高的上限。

第五节
基于位置搜索，打造社群联动

如果你的社群是基于线下门店来运营的，那么利用好位置搜索也可以引爆社群的传播。

"×市吃喝玩乐交流群"是各地美食社群最常见的名称之一。这里汇集着一个城市里对美食感兴趣的用户，社群的运营者鼓励大家多发美食资讯，在群内进行交流。当美食群达到一定规模时，就会有当地的餐饮企业前来合作，比如赠送一些免费的试吃来进行市场调研、通过抽选霸王餐的方式请大家给予好的评价等。加入一些美食群，有机会通过完成相应的任务来获得免费的食物体验机会。

而这种模式是必须基于位置来运营的。一家来自Y市的店铺，绝对不会给X市的美食交流群投放资源，因为这些社群的经济活动必须在当地进行，店铺的宣传目标也仅仅是本地市民。要运营这样的社群，就要利用好位置优势，经常联系一些本地资源与社群用户相连接，可以达到店家获得曝光、用户得到实惠的双赢结果。

除此之外，线下店铺的运营商更要利用好基于位置搜索引爆的社群传播。

1. 基于位置进行社群营销

互联网5G时代的兴起，让移动互联技术得到了新的发展。我们在进行社群营销时，也要懂得利用位置来做传播。基于位置进行社群营销的要点主要有三个：吸引顾客上门、留住顾客、促成交易。

在线上社群中，我们要做的主要是前两步，就是吸引顾客上门和留住顾客，而在线下店铺中，要做的是留住顾客和促成交易。

"付小姐在成都"川菜店在北京某新店开业时，在自己的客户微信群与公众号上发布了新店的相关消息，为社区用户和公众号粉丝提供了超过上千张半价甚至更高折扣的优惠券。通过这种发送优惠券的方式，可以在线上社群快速聚拢流量，吸引用户上门。

以前，线下店面一般都会选择在人流量多的地方发放纸质优惠券，但进入移动互联网时代，营销的技术也一定要随之改变。通过在线上发布信息并领取电子优惠券的方式，可以有效降低宣传的人工成本、提升信息传播和覆盖面，是非常值得借鉴的一种手段。

优惠券或折扣将顾客吸引上门之后，就要在线下通过优质的服务来留住顾客。首先要尽量提升顾客的第一印象。"付小姐在成都"的店面装潢与位置选择都经过精心的挑选与设计，力求在顾客看到店面时，能产生继续用餐的兴趣和冲动。

接下来就是促成交易了。提供优质的产品可以促成交易，或者在顾客准备购买产品时，提出另外的优惠激励政策，比如额外折扣或者下次消费的优惠券赠礼等。这种冲动消费的刺激感能大幅提升消费可能性。

而后期，在线上的社群还要进行优质的售后服务，才能长期留住客户。

2. 基于多个维度进行精准推送

互联网5G时代，也是数据爆炸的时代。大数据改变了人们的生活，智能推送可以准确地分析用户的喜好与个人画像，所以我们在运营社群时，不仅可以基于位置搜索来推送我们的社群信息，也可以结合多个维度进行精准的信息推送，来获得新用户。

百度通过大数据研究，对用户的位置和消费行为进行了总结，发现每4个看电影的用户里面，就至少有1个会在前后两小时内进行餐饮消费。这是一种消费上的连接，也是基于场景的一种消费模式。所以你会发现，现在的影院一般都设置在综合商场内部，周边同层或相邻层基本都有大量的餐饮门店。

用户在很多消费中，都有明显的场景生态倾向，同一个消费场景下会产生联动。这种情况下，百度就分析了位置、时间和人群喜好等多个维度，根据对场景生态的了解和分析，为用户提供了到店推荐、周边推荐的功能。百度不仅实现了人与信息之间的连接，还连接了人与服务。

而我们在运营社群时，也可以借助平台的大数据推送功能，设置好特定的时间、位置、行为模式等用户信息，这样就能筛选我们想要推送的用户群。这种功能在很多平台都可以实现，借助于技术的发展，社群运营也可以实现多维度的精准连接。

3. 基于位置实现新的沟通互动模式

如果你的社群围绕着线下店铺展开，一定要利用好大众点评、美团等基于线下店铺开展的线上平台。

大众点评就是餐饮行业线上运营的成功典范。大众点评独具特色的定位功能，可以让用户实现到店打卡、美食评价、展示晒图等需求。其中，必须在一定地理范围内实现的到店打卡功能，极大增强了店铺与用户之间的互动，也提高了点评用户在社群中的活跃度。而且，活跃度越高的用户级别越高，能在大众点评享受到的待遇也越好。忠实的长期用户可以参加大众点评的日常活动，抽取各种霸王餐或大额优惠，是最吸引人的一种模式。

正因为有了这些优惠的存在，大众点评有源源不断的新用户加入，保持着社区的活力。而大众点评让线下的店铺获得了线上曝光，品质好、会运营的餐厅，可以借助平台实现营业额的倍增。

基于位置搜索，可以让我们在线下与线上互相引流。通过线上的活动为线下店铺的运营引流，借助消费场景实现变现；而线下店铺也能成为线上社群的宣传根据地，吸引所有来店铺消费的用户加入社群，就可以进一步实现转化，促成多次消费。总而言之，基于位置搜索可以打穿线上与线下，让社群可以联动发展。

第六节
大数据技术,促成社群爆发式增长

互联网的发展带来了巨大的影响,最明显的一点就是信息化。信息化带来的结果是数据暴涨,大数据正是针对性处理这一问题的新技术,互联网相关行业带来了多方的变革和最大机遇,而在社群营销方面,也可以借由大数据技术的帮助,促进社群的爆发式增长。

举个简单的例子,当我们在使用各类开放的社交APP,无论是短视频还是图片或文字,都会经过大数据的分析筛选并进行针对推送。大数据会分析每个人习惯的浏览方式与喜好,通过得出的结果,推送相应的可能感兴趣的内容。

比如当你在一段时间内经常浏览萌宠视频,点击的概率大于其他视频,浏览的时间也长于其他视频,大数据就会倾向推送更多萌宠相关的视频给你的账户。这种技术不仅有助于各个媒体平台对内容进行精准的分类和推送,也让品牌在进行营销时有了更加清晰的目标。过去,品牌投放广告都是毫无目的和方向的,资金雄厚的大企业就会将广告投放在黄金时段收视率较高的频道,或在许多地方进行铺天盖地的宣传。如果囊中羞涩,就只能选择较短的广告宣传时间和较小的推广范围。可想而知,其中的许多推广费用都被浪费了,因为不是所有的观众都对这些广告内容感兴趣。但有了大数据技术,品牌就可以根据用户的喜好,精确地将内容投放到指定的地方。

当我们进行社群营销时，也需要推广社群名气，引流新用户。利用大数据技术对线上、线下的人群偏好进行预测，可以精准地进行营销，更快速地定位自己的目标用户，省下很多前期运营的时间和精力。

一、利用大数据筛选投放社群广告

现在，有大量用户的社交平台都有这种精准推送的功能，就是借助大数据技术实现的。除了知乎、抖音、小红书等平台的"猜你喜欢"推送功能，像微信朋友圈的广告也进行了优化。微信拥有超过10亿的用户，基于公众号这种生态体系，在朋友圈中以类似好友发布原创内容的形式进行广告展示。

当用户在刷朋友圈时，就有机会看到来自公众号的广告，并进行点击、关注，这实现了私域流量的共通。本来，公众号和朋友圈都是典型的封闭式私域，必须从外界进行引流，但是通过朋友圈广告，私域和私域之间被打通了，让公众号和社群运营又活了起来。

而大数据的算法支持，进一步加强了社群在朋友圈中的营销力度。人很容易受到周围环境的影响，同时，一个人的喜好、工作、生活方式，也跟自己的朋友圈其他好友有相似性。所以，朋友圈本身就是一个天然"社群"，微信推送的广告，会根据用户的点击和关注率进行优化，优先推送给留言、关注的用户的好友。这就是利用大数据进行营销优化。

有段时间，我的朋友圈里很多人都会刷到学习Python的课程广告推送，甚至能看到不少好友在这些广告下留言交流，互相调侃"你也被大数据攻陷了"，可想而知，就是因为我的朋友圈内好友喜好有共同的倾向，都在关注编程等技术或从事相关行业。而我的另一位宝妈朋友，就经常刷到少儿英语、绘本推荐等相关公众号的广告推送。

利用好平台算法和相关的广告服务，也能帮我们的社群借助技术实现爆发和传播。

二、利用大数据分析锁定用户画像

大数据不仅能在广告投放和宣传上帮助我们，在用户和产品的运营上也能起到重要作用。

传统的零售商在进货时，常因为不能很好地把控市场而不得不承担许多不必要的风险与损失。因为市场的行情瞬息万变，供需关系呈现一种动态的平衡，随时都有可能被打破，所以零售商需要靠自己对行业的认识与经验进行判断，才能在进货时精准地把控市场的需求，不至于造成浪费或者缺货。在全球范围内，各行业的零售商在进货时造成的损失，每年都超过上千亿美元。

而大数据技术的存在可以帮助零售商们对市场进行预判，进而提供一个恰到好处的方案。比如，零售商们可以利用大数据最主要的用户群体进行产品使用评价的分析，通过使用评价当中的关键词和出现频率，判断市场对于这个产品的评价风向，来推断未来一段时间内用户购买量的大小，并按照这个结果进行采购。

在大数据技术领域，用户的反馈都是非常珍贵的数据，可以成为影响品牌行动的重要信息。比如，有些华尔街的资本公司甚至会关注微博上用户的留言，通过对用户留言中整体情绪的波动分析，推断出一些关于股票购买的相关规律。有些投资公司就是通过实时监控用户情绪、掌握这一规律，来决定公司未来的投资行为。

这样一看，当我们在互联网上发了一条表现情绪的留言时，也能像蝴蝶扇动翅膀一样，会对大洋彼岸的金融公司产生影响。这些信息其实拆开看都没有什么意义，但当它们来自于一个庞大的用户群体时，就能从中总结出共性和规律，这就是大数据的魅力。

所以，进行社群运营也可以利用大数据技术。在公众号运营的后台，我们能看到每天、每周的涨粉数据和曝光曲线，根据数据轻松推导出每个推送的传播周期、曝光力度和粉丝转化率，从而逐渐修改自己的内容创作方向，让社群向粉丝需求的方向靠近。

在QQ群等一些社群内，平台也会公布大数据计算得出的粉丝画像，让运营者了解粉丝的组成年龄、性别、地域，这些信息都有助于让社群运营的用户方向更清晰，引导社群有效经营。

当我们用大数据分析用户需求，就可以清楚社群所面向的主要群体到底有哪些特点，针对他们的特点和需要进行差异化的服务。这种更了解用户需求的社群经营方式，可以让社群用户感到更加贴心，获得他们更高的满意度。而且也可以利用既往的数据建立模型并进行预测，结合行业内其他相关的信息，可以分析出一个社群未来应该往哪个方向发展，又应该规避什么风险，引导社群更蓬勃发展。

比如，当社群有点赞和转发活动，可以通过数据对成员的参与度、活跃度和信息传播速度进行更直接的分析。当一个活动的传播能力在下降，我们就可以敏锐意识到社群的经营需要调整方向，尽快改变社群的营销策略。

注重大数据效应，社群可以降低自己的试错成本，也可以提供给用户满足他们所需的服务，让社群成员的黏性变得更强。而一个社群发展的中流砥柱，正是这些黏性很高的用户。

我们完全可以结合大数据技术，来深入推广自己的社群。

第七节
分销模式,让社群"众人拾柴火焰高"

谈及5G时代的社群运营,就离不开"分销模式"。这一销售模式的概念就是,将原本属于一个较大团体的销售目标分散到较小的组织甚至个人身上,每个参与单元负责完成其中的一部分,然后按照完成情况划分利润。比如,一些短视频平台的带货任务,就是每个小体量的账户都可以接取,哪怕只卖出一单也能获得相应的推广费,这就是把原本需要大企业来做的事情通过"分销"送到了小组织身上。

社群不管根植于哪个领域进行发展,最核心的资源都是"人",以人为资源,就非常适用于发展分销模式。不管是推广社群、转化粉丝还是营销产品,如果能通过分销实现"众人拾柴火焰高"的局面,就能开启社群的裂变。

早在十年前的微博时代,私域流量的重要性就已经开始显形,只是社群的力量真正得到重视,还是在微信这样有私域性质的出色社交平台爆发之后。私域流量的暴涨,让分销模式的力量得以显现。

2018年,网易云课堂推出了一款"开年运营大课",要对这一线上课程进行快速推广。网易云课堂选择的就是在社群中鼓励用户进行分销,如果用户成为一级分销商,可以在推广中获得60%的收益,一级分销商下的二级分销可以获得30%的收益。不菲的收益吸引了大量人群参与,在"开年运营大课"开售不到16

个小时，就狂卖了13万份，有的用户就在自己的朋友圈里进行分享，一夜之间获得上千元的分销提成。

私域流量的裂变不可避免，也就是说，大的社群很难直接管理大量流量，流量会在社群裂变的过程中，不断分裂并沉淀成为小的私域流量池。这时，社群和用户之间不仅是单纯的品牌与客户的关系，也是合作者的关系，借助用户的力量推进分销模式，可以将流量分裂的劣势转变为社群优势，实现社群经济的落地。

比如，网易云课堂和分销用户之间的关系，就不仅是品牌与客户，也是外包方与分销商。在分销模式下，人人都可以成为消费者，人人也都能成为贩卖者。要实现互联网时代的分销模式，社群需要做到下面几点：

1. 选择合适的分销平台

分销模式一定要有平台，网易云课堂就鼓励大家依托朋友圈进行分销。根据社群运营的重点和媒体平台不同，我们可以选择最适合的平台。

像线下美食产品等，最适合的平台是大众点评；线上产品，则微信朋友圈、抖音等都是好选择；美妆服饰等女性感兴趣的内容，在小红书这样的女性平台最合适。

2. 有具备分销意义的产品

分销的产品一定要合适。比如，如果你经营的是手工产品，受到产能的限制本来就有很长的交付周期，再用分销的模式，很难对销售量进行管理，容易"爆单"，也就是下游的分销商把产品卖出去了，你却交付不了。

分销的模式就是借助大众力量让销量突破增长，你很难第一时间控制销售量，所以售卖轻库存的产品或者服务才是最适合的。比如网络课程，有的是录制好之后可以反复观看、学习的，有的在直播时对观众数量没有严格限制，这种产品就不怕爆单。

3. 调动社群用户的参与积极性

分销也一定要有社群用户的参与才能成事。

举例说明，许多的导航软件都可以反映实时路况，很多道路的施工或拥堵情况都可以非常及时地反馈给用户。这是导航软件的员工在随时查看路况问题吗？

显然不是，任何一个大公司的体量，也不可能消化这么多的工作任务。这些准确的实时信息都来自其他的及时反馈。这就相当于一种任务的分销，当用户在使用地图时，也在承担着"探索并反馈当前路况"的任务，地图会根据大数据来分析，哪些用户在一个路段内堵车、哪些路段在一个时间段内无法通行。要完成这个目标，就一定要有足够数量的用户参与才能做到，所以你会发现，像地图导航这种软件，使用的用户越多，导航的准确率就越高。

这就说明社群用户的参与积极性越高，分销模式就越有实现的可能。你可以通过有足够吸引力的奖励，调动用户的参与积极性，也可以像在线地图的运营一样，通过提供服务，让用户不得不在享受服务时反馈相关信息。

这种分销的模式可以说是信息技术发展后，解决社群运营和企业宣传困境的又一个有效模式。

第六章

做好社群品牌化的秘诀

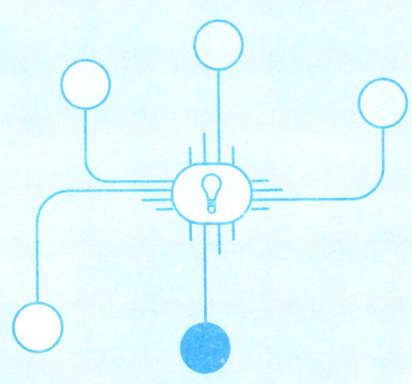

社群营销常常被我们认为是对私域流量进行的营销。私域流量扩展到一定体量时，社群的营销法则也逐渐向传统营销模式靠拢。也就是说，当我们的社群积累到一定的体量、拥有一定价值时，应该像传统企业一样开始思考"品牌化"的转型和运营模式。社群平台一旦成熟，一定会拥有一个固定的粉丝群体，只有拥有独立的、响当当品牌的社群，才能在领域内打出名气，起到长久持续聚拢粉丝、健康发展的目的。

第一节
品牌化,让社群陪伴粉丝

在信息爆发增长的现在,我们应该将促进社群的品牌化与"粉丝经济"联系起来,这会产生更好的社群营销效果。

过去,品牌与用户之间的信息是不对等的。用户只能通过企业公开展示的广告或宣传来判断产品的信息,这种信息不对等让用户始终处于一个比较弱势的状态,对产品的了解不够全面。所以企业在营销时,只需要注意做好广告、做好渠道,就能让产品卖出去。但现在信息透明化了,用户除了通过官方的广告来了解企业的产品之外,也可以通过其他渠道与他人交流,获得关于产品的使用评价或真实体验。在这种情况下,信息不对等的问题已经不复存在,品牌不可能借助这一优势来获取利润。反而是与用户进行诚恳的沟通和充分的信息对接,可以留下更好的品牌印象。

而社群天然具有这种优势,所以在这个时代,社群营销具有前所未有的重要性。既然如此,企业的运营可以仿照社群的模式,一个成熟的社群也可以像企业一样建立自己的品牌。建立品牌对社群来说具有长足的好处,最明显的一点就是可以延长社群的生命力,让社群陪伴粉丝一起发展,成为一个在粉丝心中留下深刻印象的符号。

社群要走粉丝路线,就一定要让自己的品牌生动起来。因为社群天然和传统企业具有不同的运营方式，所以我们不能让自己的品牌变成冰冷的企业符号，而是要具备充分的人情味，跟粉丝站在同样的高度深入对话，才能发挥社群与粉丝之间距离更近的优势。进行粉丝营销更需要将社群成员的情感需求放在首位，以此作为纽带，才能增强社群的粉丝影响力。现在的社交平台上，如果一个品牌可以自带粉丝，进行转化的效率也会更高。

社群具有非常适合进行粉丝营销的土壤，只要能将普通的社群成员转化为粉丝，社群品牌也就不需要再发愁信息传播、产品宣传等问题。粉丝营销带来的影响是长久而深远的。

那么，我们可以如何打造社群的品牌化之路呢？首先就要摆正社群和粉丝之间的关系，社群和粉丝不是由上自下的关系，而是平等的对话地位。社群要将自己的宣传理念和价值观通过经营传递给粉丝，那些能够认可社群的粉丝，就可以在情感上建立与社群的深入联系。要做好这一点，可以从以下几个方面入手：

1. 建立用户对社群品牌的认同感

只有用户对其品牌有足够的认同感，才有几率成为品牌的粉丝。认同感也能促成用户产生购买行为，只有认可了品牌推出的产品，大家才会掏钱购买。粉丝的存在就是用户对品牌认同感非常强的体现，比如粉丝对偶像的信仰，就来源于他们对偶像有着非常强烈的信念感和认同感。

所以在进行社群经营时，我们一定要注重建立用户对社群的认同感。在互联网平台上，陌生人之间建立认同感非常困难，彼此之间的了解因为隔着网络而变得更少，在交往时产生认同和信任也就变得更困难。但陌生人之间一旦产生了认同感，交往的态度就会变得完全不同，不仅拉近彼此的关系，而且对彼此的行为也会变得更加宽容。比如，一些小众爱好者群体内部的气氛相对融洽，因为他们有共同爱好，所以对彼此有很强的认同感，而这种爱好越小众，群体内部的认同感就越强，陌生人之间的关系也会变得越亲密。

所以我们在做社群时，也要注重强化用户的认同感，读懂用户的心理。可以从出发点切入，站在用户的需求和角度进行思考、处理社群问题，社群品牌所展现出来的气质与价值观，就会与主要的粉丝群相符合，这种共同点会引发他们对社群的认同，继而加强情感联结。

2. 建立足够的存在感

一个社群品牌，如果在粉丝的生活中没有足够的存在感，就很难谈论粉丝经济。一个能通过粉丝经济进行转化的社群，一定有非常强的曝光率和存在感，要知道，在互联网时代，酒香也怕巷子深，过于低调是无法让大家领会到品牌魅力的。

所以我们在经营社群时，一定要保证与粉丝的积极互动，强化品牌的存在感。

3. 加强粉丝对社群产品的参与感

关于参与感的重要性，我们在之前的部分已经详细介绍过了。相信大家也明白参与感对于社群经营粉丝经济来说有多么重要。

我们还是要强调一点，做社群营销一定要发挥社群的优势。而社群的优势就在于和用户之间拥有充分的互动交流渠道，拥有比一般品牌与用户之间更近的距离。所以，做社群品牌，让用户产生参与感是一件更容易的事情，只要你牢记这一点。

4. 让用户产生归属感

让社群品牌化，就要让用户对社群产生归属感。在网络上，不管是有名气的IP（intellectual property，知识产权，后引申为辨识度高、流量大、变现力高的文化符合）、作者还是明星，都会因为各种原因而建立自己的粉丝群。经营粉丝群的重要方式就是在线上给大家建立聚集地，不管是专门的论坛还是QQ群、微博群，给粉丝一个可以和同好进行交流、畅所欲言的环境非常重要。这种持续的互动可以满足粉丝在情感上的倾诉欲望，进而激发他们更多的交流热情，形成一种良性循环。而粉丝在交流上付出的时间精力，最终都会转化为被社群的认可与关注，这就是一种逐步建立归属感的方式。

所以，如果社群要做品牌，一定不要放弃自己的社群阵营。除了在线上建立粉丝交流的平台之外，也可以在线下举办相关活动，打通线上与线下的交流壁垒。这能非常迅速地强化粉丝和品牌的感情，因为大多数人都将线下与线上生活分得很清，线下活动能激发粉丝内心的情感。

　　以上这些内容，都是社群品牌化过程中经营粉丝需要注重的方面，这些原则能最终影响我们是否成功打造并转化粉丝经济。最后，一定要注意一个核心，能赢得粉丝的认可，绝不是靠着虚假的表面服务，一定要以心换心，才能用诚意打动粉丝。

第二节
社群Logo与粉丝标签

你们有没有注意过品牌商标标识（Logo）的重要性呢？Logo就像品牌在虚拟世界的一个浓缩投射，当我们看到知名品牌的Logo时，就会立刻联想到相关的产品、服务或品牌定位。从某种意义上讲，它的重要性不亚于产品。甚至对一个历史悠久的品牌来说，Logo比部分产品更重要。

还记得王老吉与加多宝的商标之争吗？双方都极力争取"王老吉"这个传承百年并且家喻户晓的品牌名字，正是因为这个名字背后有极大的国民认可性和影响力，只需要打出这个名字，就能获得无数买家的青睐。所以，做品牌，Logo符号很重要，我们也应该重视社群的Logo与粉丝标签的建立。

一、社群Logo的设计要点

如果一个社群要走粉丝路线、建立品牌的影响力，就一定要通过明快简洁的Logo设计，让消费者和粉丝对社群品牌有深刻印象。经常有企业在推广和经营一段时间之后，才发现品牌Logo过于模糊、没有记忆点，不容易引起大家的注意，然后再进行反复的修改和升级。而这样反复的过程会让品牌的定位变得模糊，产品线也需要根据Logo的修改而多次调整，不仅浪费时间，也耗费成本。所以我们在建设社群品牌之前，就一定要先制定好Logo，注重Logo设计，打造良好的社群品牌形象，让社群成员一看到Logo就能产生深刻印象。

首先，Logo一定要简洁、容易记忆、有冲击性。苹果的Logo是一个缺了一口的苹果，不仅点明了品牌名，而且简洁明朗又充满趣味，就很方便记忆。Logo一定要能让人产生瞬时记忆，社群在进行推广时，很少有人会专门去剖析一个社群的标志有怎样的含义，所以最好能让人一眼看去就识别出Logo的内容，这样就方便在视觉上产生瞬时记忆，建立对品牌的印象。如果不能达到这种效果，就可能流失用户。

其次，社群的Logo也应该与要发展的方向和推广的产品类型有一定关系，也就是说我们在设计时不能只强调冲击力，还要有一定内涵。比如三只松鼠的标志就是松鼠的形象，这不只是为了卖萌，也是因为松鼠和主营产品坚果之间有密切的关系。还有一些读书类的社群，不约而同地将Logo设计为变体的书，就是为了突出社群的定位。

再次，设计Logo时也要注重色彩与字体，一定要符合社群的风格与定位。选择不同的色彩会给我们带来不同的心理感受，一个用户年轻化的社群，可能会侧重于选择温暖的色彩和灵活的字体；一个有书香气质的社群，Logo的颜色常常较为高雅简洁，也会选用飘逸或复古的字体，这种设计可以强化社群的品牌气质，调动粉丝情绪。

最后，我们在设计社群Logo的时候，一定要注意传播性。Logo不仅是社群的简单标志，如果社群要推出线上或线下的产品，Logo也会出现在产品包装或宣传海报上，传播时是否能完美融合进产品，就是我们需要考虑的。所以我们也要考虑到传播过程中可能遇到的各种情况，基于此去设计Logo。

除此之外，我们也可以根据社群的特殊定位对Logo进行调整。

二、设置有特色的用户标签

有特色的社群用户标签，不仅能够让我们与其他社群产生区别，彰显社群的独特性，也能让社群成员具有更强的归属感和认同感。所以在设置用户标签时，我们一定要让对方感受到社群成员具备的特殊待遇，只有激发社群成员内心的满足感，才能促使他们主动宣传我们的社群品牌。

1. 给社群成员定制特殊产品

标签可以用很多种形式来体现，比如定制产品就是非常有仪式感的一种。我们可以为社群定制独特的产品，设计只有社群专属的限量版，通过赠送实物的方式，在线下强调社群的存在感，同时为用户添加标签。

定制产品的方式成本并不高，但是适用性很强，而且在线下能起到意想不到的传播效果。比如，投资平台"且慢"就为用户设计了一款独特的印着Logo的咖啡杯，只要用户在平台上完成两个投资任务，就可以免费领取这款杯子。咖啡杯的使用场景非常多，所以这种特殊产品有很强的实用性，其本身的成本并不高，但用户只要频繁使用就会时刻想起这个平台，对品牌的印象逐步加深。

我也获赠了这款杯子，有趣的是，当我使用时，不下三个人过来询问这个杯子上印的"且慢"两字到底有什么含义，当我向他们解释时，就帮助品牌形成了多次传播和宣传。

2. 为社群成员定制独特价格

有许多社群的变现方式是通过各种渠道进行带货。社群会根据群成员的要求，以团购的形式向商家争取更加优惠的价格，让商品以内部的优惠价出售给社群成员。在这个过程中，商家为了争取更多的订单，一定会给社群更优惠的价格，最后商家获得了利润，用户获得了实惠，而社群则可以从中抽取一定量的手续费，作为社群变现的方式之一。

拼团的方式，为社群成员提供了实惠，是一种通过价格来彰显的用户标签，让对价格敏感的用户对社群产生更多认同感，从而帮助宣传社群品牌。定制产品社群价，值得我们花更多时间去研究，这也是社群变现和转化的重要渠道，所以在接下来我们会详细介绍这部分内容，这里不做赘述。

3. 通过情怀为社群成员定制特殊服务

在社群运营品牌的时候，我们一定要塑造出品牌的独特情怀，情怀可以通过产品来实现具象的转变。情怀可以成为社群成员的定制标签，大家因为共同的理念和情怀聚集在一起，这种方式就突出了社群成员的特殊性。

罗永浩在投资失败后选择了直播带货还债。一年多的时间里，他几乎还清了自己的6亿欠款。为什么罗永浩的直播能起到比明星带货更好的效果？为什么在所有人都不看好他的时候，罗永浩却能在直播间后来居上，杀出一条血路？情怀，是很多人最初愿意关注和买单的重要原因之一。虽然，我们也要考虑到罗永浩直播间低廉的价格为粉丝带来的实际优惠，但最初，是情怀让他吸引了平台上最初的一批支持者。一位悲壮的创业者、一个破产之后也坚守信念打工还债的人，"理想主义者"的标签和所带来的情怀，一直烙印在罗永浩及其粉丝群体上，也不断吸引着有相同理念的人。

通过创造社群Logo和粉丝标签，我们可以在塑造社群品牌上打好基础，而下一步就是打造社群品牌的独特亚文化，通过社群文化来凝聚粉丝，并强化社群的品牌性和独特性。

第三节
社群专用词，彰显品牌文化

一个成熟的社群不仅会有独特的社群Logo和粉丝标签，还会有独树一帜的语言符号体系，也就是我们常说的"黑话"。这些语音符号可能并不是我们通常理解的含义，有些词甚至属于社群的独创。

这种社群专用词能起到什么作用呢？

区别。专门的语言符号是区别一个群体和其他人的重要标签，那些符号出现的作用就是使能理解和运用这些语言符号的人，彼此之间产生一种小圈子的文化认同感。例如，年长者经常会感慨"根本听不懂这些年轻人聊天都在说什么"。那么为什么大家不使用通用的语言来进行日常表达呢？因为其中掺杂着的特殊词汇，是独属于这些年轻人的文化圈所孕育出来的，只有他们的同好才能够理解和感受。

这种区别性，会让这个使用特殊语言符号的群体内部产生更强的凝聚力和团结性。所以我们在创造社群品牌的时候，也可以注意引导和创造社群的专用词汇。如果说对Logo的设置和粉丝标签的创造，让社群成员产生了对自身独特性的认识，那么社群的专用词，就是强调这个社群品牌文化性的一种存在。社群既然是基于大家的兴趣建立的，社群的文化符号就显得格外重要，所以，这种专用词对于打造社群品牌化、增强内部凝聚力有很强的作用。

举个例子，我们现在经常使用的"宅"这个词汇，就曾经是热爱二次元的群体所创造出的社群专用词，借助于亚文化的输出和普及，成了现在大家普遍认识的词汇。而在"哔哩哔哩弹幕网"上，为大家熟知的两个网站代表形象"22娘"和"33娘"，就脱胎于"233"这个代表大笑的词。这个词最初起源于猫扑社区，因为在社区中"大笑"的表情代码就是233，所以后来，大家就经常使用"233"作为开怀大笑的代名词。

这些专用词已经因为使用者较多而被普及，并作为常用词汇存在。网络上大家使用这些词汇时，使用者就可以对它进行文化溯源，最终，快速了解到它所诞生的社群的相关信息，并且对社群的气质有所了解。所以社群专用词除了能够帮助成员区别自己和他人、增强社群内部的凝聚力，也可以作为一种对外文化输出的载体，起到宣传社群的作用。

如何创造社群专用词呢？我一直认为，流行词汇之所以能得到大家广泛的认可和共鸣，就是因为它的不确定性。刻意去创造某个词汇，它的影响力一定不如诞生于群体之内、天然产生的流行词。所以这种"创造"，其实更多地是一种引导。

1. 社群专用词来自于全体用户和粉丝

如果我们去追溯任何一种文字或语言的发源，就会发现，它很少是某些人刻意创造的，更多地来自于人民大众对于生活的总结，是一种自然而然诞生于群体的文化符号。只有得到了所有使用者的认可，文字才具有顽强的生命力，才能更好地传承。

所以社群专用词不是某些人创造的，一定要动员全体的用户和粉丝多发言、多思考，让大家共同发挥创造力，才能创设出符合社群气质，得到大家认可的专用词。只有真正使用这些词汇的人，才知道什么样的词能说中大家的想法，让大家感受到趣味性，知道什么样的词能形成"梗"并广为流传。

2. 社群专用词要得到管理者的引导

专用词的诞生具有偶然性，但这并不意味着社群的管理者和经营者不能在专用词的诞生和推广当中发挥自己的作用。管理者需要经常观察社群内部的交流情况，对常用的有趣词汇和承载着社群文化的独特"梗"进行选择，找出其中利于传播并能代表社群文化的那些词汇进行引导。

只有一直被人使用的文字才具备生命力，否则就意味着它们已经死去，它们承载的文化也将随之消失。我们的引导其实就是鼓励大家多使用这些词汇。对那些被选中的专用词，管理者可以在社群中主动使用，表达认可。除了日常交流之外，一些官方的社群活动或社群公告中，我们也可以使用这些词汇，强调它们的存在感，更重要的是让这些词汇和社群文化牢牢连接在一起。

3. 社群专用词一定要符合社群的气质与目标

语言符号是组成亚文化的重要元素，也是大量亚文化向外传播的载体。我们也说过，设置社群专用词不仅是为了对内的凝聚，也是为了对外传播突出社群特色。想让社群实现品牌化，可以在对外传播时强调社群的专用词，让这些词汇在更多人心中留下印象，继而熟悉社群的品牌。

所以此时选择的社群专用词不仅要易于传播，还要符合社群的气质和目标。你一定希望，使用这些词汇的时候，人们能第一时间"get"到社群的风格吧？能被这些词汇吸引的人，很大程度上也是社群要发展的目标用户，社群专用词的特质可以帮助我们完成用户筛选的第一步。

设置社群专用词，可以强调品牌的文化。社群要打造成品牌，拥有自己的独特文化是必不可少的一步。

第四节
社群品牌化，需要"好故事"

接下来，我们要介绍的就是社群品牌的重要内容，也是社群文化的核心——做好故事。

一个完整的品牌故事，也是最直观表达品牌文化的载体。一个听起来传奇的故事，可以让用户产生对品牌的好奇心，促使用户转化为品牌的粉丝。

比如，奢侈消费品行业会强调品牌故事中的历史感，因为有厚重历史和传承的品牌，更容易获得买家的信任，增加品牌的格调与定位。所以红酒品牌往往强调自己传承百年，奢侈品牌动辄就是"源自18世纪"，悠久的传承和动人的故事会鉴定品牌的调性。

强调历史也好，强调关于创始人的故事也罢，都是通过一段传奇作为节点吸引粉丝，让围观者宣泄自身情怀。所以，即便你的产品没有什么秘方，也要创造一个特殊的"百年秘方"；即便它的研制过程没那么传奇，也要构造一个传奇的故事。如果能够脱胎于真实的故事当然好，实在没有，我们也可以设定。

事实上，很多品牌故事并不一定真实存在。比如德芙巧克力在诠释品牌时，就曾经阐述过一个"爱与公主"的故事，然而这个爱情传奇并未在现实生活中真实发生过，但这并不妨碍它打动了许多购买者，让德芙巧克力成为浪漫的象征，将它与爱情紧紧绑定在一起，成为情人节首选品牌。与之相似的，还有著名化妆品系列"海蓝之谜"的研制传奇。

在故事中,海蓝之谜面霜是由国家航空航天(NASA)物理学家麦克斯研制出的。他在进行燃料实验时不小心被化学品灼伤了面部,他的脸在经历了各种医疗手段的救治之后,依旧没有恢复原状。痛苦之中,麦克斯决定亲自研究产品来改善自己的情况。他历经12年,终于研制出了自己都没想到的神奇面霜,也就是后来的海蓝之谜。这种面霜不仅恢复了麦克斯的容貌,而且还改善了一些皮肤问题,最终成为高端护肤品系列。

这个传奇故事是不是充满了吸引力?NASA物理学家、历时12年、克服了医学都无法解决的问题,这些关键词凑在一起,在一个传奇的、逼真的故事引导下,立刻显得那么动人而令人信服。此时,如果你也有焦急改善皮肤状况的心情,必然会被打动吧——这就是传奇故事的效果。

其实,海蓝之谜的研制也许与传奇故事有相似之处,但它也只是护肤品而已,达到医学无法达到的效果是不可能的,所以这种疗效就是夸张的,可见其他信息的真实性。然而,经过润色和修饰之后,一个传奇故事显然比干巴巴的研究过程更令粉丝感动。

所以,一个年轻的品牌也可以拥有传奇的故事背景。它或许没有一段流传百年的历史,但可以彰显某种情怀,或是一段令人感慨的创业故事。只要这个故事和品牌的定位与气质相符,我们就可以将它融入社群文化中,让社群品牌变得更有记忆点。

还有一种方式可以帮助我们的社群建立品牌故事,就是在故事中塑造一个需要打败的"敌人"形象。俗话说"敌人的敌人就是朋友",只要我们的品牌故事中塑造的"敌人"也符合用户心中需要解决的问题形象,就可以拉近与用户的距离,让他们与社群品牌站在同一条阵线上。

这个"敌人"不一定是某个具体的角色,而可以是我们前面所讲的"痛点"。只要我们能在品牌故事中强调用户的痛点,就可以连接社群与用户。

比如,王老吉的凉茶广告有这样一句"怕上火就喝王老吉",在这里,用户的痛点就是上火,这成了王老吉凉茶在宣传故事中的"敌人"。强调出凉茶可以击败这一痛点的逻辑，就可以引出买家的购买欲望。

所以我们在塑造品牌故事时，可以创设一个痛点作为敌人，这有助于引起大家的共鸣，帮助社群快速吸引用户与粉丝。

我的朋友"仙草妈妈"是一个儿童绘本社群的主理人，经常在社群中给大家推荐优秀的国内外绘本。开始，她是在自己的个人互联网账号上分享一些给女儿买的新绘本，分析这些绘本的优劣。后来，仙草妈妈发现自己的分享有很多人点赞和转发，甚至还有了固定的粉丝在下面请她更新，于是她敏锐察觉到了做社群的契机，不仅创建了自己的公众号，还拉起了两个用户超过500人的社群。

仙草妈妈在自己的社群品牌中，润色了自己做社群的故事。她说，自己的女儿小仙草是个非常不喜欢读书的孩子，虽然她很想让女儿从小就打好英语基础，但是孩子对这些根本不感兴趣。为了解决仙草不喜欢学习、积极性差的问题，她开始淘换各种各样的海内外优秀绘本，让画面优美、内容趣味性强的绘本，重新吸引了孩子的兴趣，也让小仙草从"普娃"变"牛娃"。

这个故事不仅非常直观地点明了整个社群的目标和定位，也树立了一个所有家长共同的敌人——孩子不爱学习。这能快速引起许多家长的共鸣，有相同痛点的家长就会乐于加入仙草妈妈的社群进行深入了解。

事实上，品牌在竞争过程中设定的敌人可以有很多，有时可能是买家的痛点，有时可能是竞争对手。苹果就曾做过这样的事，在其著名广告《1984》中，苹果将IBM公司（International Business Machines Corporation）的形象设定成了反派角色，给消费者传达了它可能成为垄断市场的独裁者这样的信息，引起了买家对"垄断"这个词的厌恶。如何避免IBM垄断呢？很简单，去支持其他品牌的产品，打击这个敌人，而这个"站在买家一边"的角色，自然是苹果了。这种广告，就是在梳理"敌人"形象打击对手，赢得买家的认同。

所以，要想让你的社群逐渐品牌化，就一定要讲好品牌故事。一个好的故事要突出社群的定位和目标，也要迅速吸引粉丝的关注，而创设一个合适的敌人，就是一种非常取巧的好办法。知道这个小秘诀之后，你也可以试一下怎么构建自己的品牌故事。

第五节
品牌仪式感维护粉丝的社群习惯

根据用户的参与和依赖程度,一个社群成员也可以分成不同等级,其中最高级别就是社群的忠实用户。社群的忠实用户往往对社群有非常强的黏性,对社群品牌有非常大的偏爱和痴迷。这些忠实用户一定要得到社群的珍惜,我们在经营时也要重点去维护这些忠实用户。

有些社群或品牌最错的决策就是"恃宠而骄",不重视对忠实用户的维护,觉得这些忠诚的用户一定会对品牌不离不弃,反而将更多的精力和时间放在了新用户的开拓上。这是非常错误的理念,如果你不能给忠实用户以最高的待遇、最好的优惠,怎么能吸引这些粉丝转化成忠实用户呢?

粉丝之所以对社群产生依赖性和认可,正是因为他们一路伴随社群成长,从情感上具备更强的认可,从社交关系上与社群有更强连接,甚至可以在社群中一呼百应,有很高的人气与号召力。这些粉丝虽然很忠诚,但是也需要我们不断的维护,不断给他们新的刺激,否则忠诚用户也会逐渐丧失参与社群活动的乐趣。当他们逐渐淡出社群圈子,甚至离开社群,一定会给整个社群带来负面的影响。

那我们应该如何去维护社群的忠实用户,让粉丝始终保持与社群的高强度连接呢?建立社群品牌的仪式感,可以帮助建立粉丝的社群习惯。当粉丝养成了习惯,参与度就会提升,长期来看,情绪也能得到很强的刺激。

"仪式感"是我们经常见到的一个词。很多人都觉得，生活一定要充满仪式感，才不枉费自己这样用心地活过。而仪式感在生活中的表现，往往就是"强化记录"。通过对某种行为或某种情绪的强化，让大家产生成就与满足。

比如，许多人出门吃饭时就会拍漂亮的照片放在社交媒体上，配上对食物的评价文字，我们称之为"打卡"。原本吃饭这件事是比较随心的，我们对食物的感受也比较笼统和模糊，但通过打卡的行为，强化记录了寻找和享受美食的过程，使我们对美食的感知更加清晰，也更容易从中获得幸福感。而养成打卡的习惯之后，这种仪式感就特别容易传续下来，从而鼓励我们再次发掘不同的美食，我们就从仪式感中获得了完成某件事的动力源泉。

所以仪式感可以帮助我们纪念那些自己享受的时刻，也可以督促我们完成一些可能有些抗拒的任务。这就是很多人坚持生活要有仪式感的原因。

做产品也是这样。我们想通过社群营销来建立粉丝经济，就一定要学会将普通的社群用户转化成品牌的粉丝，且留住他们的时间和精力，让他们愿意长期活跃在社群中。怎样完成这种转化并进行长期的后续维护呢？通过强化社群中的仪式感，可以加强粉丝的凝聚力。

比如明星的粉丝经常会在自己的社区中坚持"打卡"，这就是一种仪式感。打卡的出现就是提醒粉丝每天都要关注这个明星，否则大家的注意力很容易被其他新鲜有趣的资讯吸引，对明星的关注会逐渐弱化，时间一久就容易造成粉丝流失。而每日打卡保证粉丝每天都能接收到明星的相关信息，加深粉丝心中留下的印象，也能强化粉丝关注的持续性。品牌也可以效仿，社群的各种奖励和打卡活动就是建立仪式感的方式。

通过这些方法，建立粉丝的习惯，能让粉丝适应与社群的长期交流，这就完成了从用户到粉丝的转化和粉丝的沉淀，培养出了用户习惯。

这两年，甚至出现了一种"付费打卡"的新模式。你可能会觉得非常诧异，还要给社群付费？没错，还真有不少人靠这种方式实现了社群的变现。

比如跑步打卡，如果缺乏一定的奖惩机制，大家可能很难长期坚持，毕竟不是每个人都有这样的毅力，能够养成每天跑步的习惯。付费社群就可以在很大程度上解决这种缺乏毅力的痛点。这些社群会设置相关要求，基本上围绕着打卡和奖惩制度展开，如果每天不能按时跑步打卡，就需要上交一定数量的罚款，而这些罚款会奖励给那些完成了高标准跑步目标的优秀成员。这种方式让人们在社群内部实现了互相监督，给缺乏坚持毅力的人带来了外界压力，反而正是很多人求之不得的。有一些在跑步和健身领域多年深耕的人，就通过健身或跑步打卡的社群运营获取了不菲的收入。

其实这就是社群品牌仪式感的简单过程。利用这种仪式感，能让品牌跟社群成员之间产生更强、更有生命力的连接。

第六节
借助种子用户反哺社群品牌

社群品牌化，与普通企业创立品牌的过程既有相似也有不同。企业的品牌化完全借助企业自身的生产和运营，但社群是一种强调人与人之间关系和连接的模式，社群品牌化不仅可以依靠自身努力，也可以借助种子用户反哺于社群品牌。

国产美妆品牌在小红书宣传产品时，都不忘将新品试用样寄送给小红书各大用户。这些用户普遍具有一定的粉丝量，有些自身就是某个社群的主理人，有些则是小红书社区中有一定影响力的用户。品牌将自己的产品给他们免费试用，用户会将自己的试用结果发布出来，起到了宣传产品的效果。

跟传统的品牌宣传比起来，这种宣传方式更接地气、更符合大量买家了解产品使用感受的需求。而且，这种宣传方式可谓省心省钱。商家只需要付出少量的宣传费用，宣传内容全部由用户自身创造。这就是借助种子用户来反哺品牌的典型例子。

我们在做社群的时候，也可以通过培植种子用户来反哺社群品牌，让社群所做的品牌更有影响力和生命力。

1. 有意识地培植和招募种子用户

在我们介绍社群组成模式时，曾经说过，一个社群除了群主和管理员、普通用户之外，也需要一定量的种子用户。这些种子用户处于社群的中层，他们除了是社群的目标客户，也是社群向外扩张的助力、内容的生产者。

所以在建设社群品牌的过程中，我们一定要有意识地培植和招募种子用户。其实，当你专注于某个领域深耕社群，自然而然会与这个领域的佼佼者进行交流，一些有优质条件的用户自然会从中脱颖而出。我们要做的就是在发现这些种子用户之后，给予他们足够的善意和资源倾斜，挖掘这些人才，让他们成为社群的中坚力量。

2. 种子用户需要用心培植，职能可以进行进一步细分

社群品牌化过程中，有影响力的种子用户也会随之不断成长，并表现出自身的特色。比如，在平台上推广国潮美妆的博主，有的走搞笑亲和风，有的走平易近人风，还有的是技术流，不同的风格吸引了不同的粉丝，共同构成了整个美妆品牌的用户群。

所以，培植种子用户时，也要对他们的职能进行细分，同一个领域最好只保留1到2个人才，做到职能区分、各司其职。

3. 用社群文化包装种子用户，让他们与品牌更贴合

社群在建设品牌时，也必然会强调品牌的独特文化。而这种独特文化必须与我们的种子用户的气质更贴合，经过社群的文化包装之后，这些用户才能在社群品牌化的过程中起到正面的推动作用。

比如，当中央电视台推出《中国诗词大会》时，有多少人最初是受到了董卿的文化气质吸引，才去了解这个节目的？在《中国诗词大会》播出期间，关于董卿文化气质的话题，几乎每一期都会登上热搜，引起大量的讨论和关注，甚至有人说，看到董卿站在这里，就懂了诗词之美。董卿的气质与这档栏目极其贴合，在栏目品牌的成长中起到了不可忽视的推动作用，也让她的名字和节目品牌紧紧结合在了一起。

所以，包装种子用户的效果不亚于企业邀请代言人，一定要按照代言人的要求，对种子用户进行社群文化的包装和培训。如果是重要的用户和群内意见大咖，甚至可以在线下与其直接接触，进行明星化的全方位包装。

4. 借助社群活动推广种子用户

想让种子用户拥有明星一样的人气，反哺于社群品牌，我们也需要在社群活动中对他们进行助推。让这些用户参加更多的社群活动，不仅能有效增强他们的曝光量，也可以通过活动来检验他们是否符合我们推广品牌的需求。

比如，微博的"读书频道"就有属于自己的博主社群，里面的许多成员都是微博认证的读物博主。只要参加读书社群内部举办的发帖活动，在微博上根据某些tag（标签）进行有针对性的创作和发帖，就有机会获得来自于读书频道官方的流量助推。通过这些助推，很多博主获得了曝光，并迅速成长为大V。而微博读书就是用资源倾斜的方式，鼓励这些用户参加社区内的活动，助推种子用户的影响力，继而被他们的创作和曝光带来流量反哺。

所以我们也可以借助社群活动去推广种子用户，进行一定的资源倾斜，给种子用户一些"发芽""成长"的机会，从中筛选出真正有利于社群品牌建设的中流砥柱。

第七章

社群经济的落地与未来之路

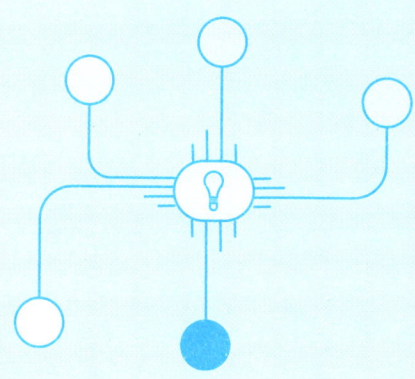

社群发展的最终目标都是实现经济落地。一个社群发展到一定程度，走向应该是什么呢？可以通过怎样的方式实现未来的变现和转化呢？我们认为，伴随着现在经济和技术的多元化发展，社群的定位也在逐渐细分，总的来说种类与功能越来越多，社群的经济落地形式自然会变得更加多样，未来发展不必拘泥于传统的模式。

第一节
激活"羊群效应",促成社群变现

受到群体氛围的感召,人们更容易形成情绪上的相互刺激,从而产生冲动购买的效应。根据研究调查,冲动消费在大多数人的消费行为当中占据过半的比例,而群体的情绪更能激发人们冲动消费的欲望,这在心理学上被称为"羊群效应"。当我们探讨社群经济的落地时,一定要考虑在社群中产生的消费行为与普通的消费有什么区别。当你抓住了区别中的特性,就能发挥社群优势。

社群中的消费行为,最大的优势就是容易形成"羊群效应"。

正常的购买场景下,是用户和商家之间一对一的交流。哪怕是在网络上挑选商品,也只有店家和购买者两个人参与其中。但这个购物过程一旦有社群参与,结果会大大不同。

不知道你有没有类似经历?在网上看中一款商品后,犹豫半天,不知是否要下手购买。于是你选择了浏览小红书等网站,看看大家的商品评论。结果,发现小红书社区上有很多人发布了种草帖子,纷纷夸赞这款商品物美价廉。看完这些帖子之后,你是不是产生了非买不可的想法,迫不及待返回去下单呢?

甚至有的朋友如果被"种草"了已经下架的产品,还会产生万分遗憾的心情,哪怕这款产品最开始并不在他的预购计划之内。这既是"种草"的魔力,也是"羊群效应"的魅力。因为我们在社群中看到其他人讨论、夸赞和肯定这款产品，内心就会产生从众心理，出现盲从的消费行为，潜意识里觉得"大家都在认可这个产品，如果我不买是不是就亏了"。

所以，在社交场景下其实更容易促成人们的购买行为。同样，社交当中，如果产品获得了负面的评价，也更容易让人们放弃原本的购买意愿。心理学家勒庞曾经说过，只要构成一个群体，人们的思考、行为和感知方式就会产生变化，逐渐向群体靠拢，而与处于独立状态时有很大不同。

所以，激发社群的"羊群效应"，可以促使我们的社群变现。

一、做超出预期的服务，激活"头羊"

"羊群效应"是人们的从众心理的体现，在社群运营当中，带来的效果不一定完全是正面的。

古语有云"三人成虎"。如果你的社群中有很多人对产品提出了负面的评价，相信更多在观望的人，一定会产生更谨慎的态度。甚至一些用户原本可能有些意见，但觉得问题不大，也会被社群中的气氛所影响，发表自己的负面看法。所以，想激活社群的正面"羊群效应"，就必须引导大家产生积极正面的反馈，通过做超出预期的服务来激活羊群中的"头羊"，让这一部分用户成为社群中的意见领袖，带一波好的节奏，给社群运营带来正面影响。

提供预期之外的服务，就是让人们感受到意料之外的惊喜，这是最能快速提升产品口碑的一种方式。

2020年，天猫双11活动结束后，"买赠品送正品"的相关口号成为了微博热搜上的一股清流，人们纷纷晒出从各个品牌买的产品，感叹这些品牌赠送的赠品实在是太豪华了，只买一两只正装就能送满满一盒产品，简直就是买赠品送正品。

这种销售模式让用户在收到产品的第一时间就感受到了惊喜和冲击。"预料之外的惊喜"具有很强的力量，能在情绪上给人非常正面的影响，哪怕用户还没有真正体验这些产品的效果，就已经对品牌有了肯定。也许在之后的使用中，产品的某些方面不尽如人意，用户也会觉得"看在这么多赠品的份上，就不那么挑剔了"。

提供预期之外的服务，能让品牌重视用户的心被感受到。这就像班上一个努力了却成绩不太好的同学，就算是老师和家长也不会对他有太多苛责，因为他的学习态度摆在那里，大家都看在眼里。社群努力做好超出预期的服务，先激活社群中一部分人的认可，"头羊"的效应就体现出来了。在这些"头羊"的带领下，社群对产品的评价和氛围也会往积极正面的方向引导。

二、助推"羊群效应"，鼓励用户晒单发言

社群的"羊群效应"也需要管理者进行引导才能实现，通过奖励的手段助推，鼓励用户在社群内交流发言，可以促成"羊群效应"扩大规模。

2014年12月20日，逻辑思维开放了第三季的会员购买服务。在这之前，他们建立了上千个相关微信群，微信群里有很多忠实用户都在追踪会员开放的新信息。这些用户还会将自己得到的新信息分享到微信群里，这样就在逻辑思维的社群内部实现了一波预热。

到了正式购买的那天，大家在社群内纷纷直播自己抢到会员的感受，晒出自己的付费记录，还在群里互相交流询问。很多人受到这种情绪的感召，也付费购买了会员。

与之相类似但更经典的场景，就是一年一度苹果召开新品发布会的时候，总会有铁杆粉丝，提前一两个月甚至半年就开始猜测苹果的新品发布方向。因为苹果产品的热度很高，许多粉丝都在关注，甚至有一些关于产品的假消息也会浑水摸鱼流入市场。这种长久的预热能吸引更多粉丝和路人的目光，让他们意识到这一年苹果产品可能会有哪些改进。真正召开发布会后，新产品的购买也会形成一股热潮。在这种潮流的带动下，许多人都会受到羊群效应的感召而产生购买行为，哪怕自己本身并不需要对手机或其他电子产品进行更新换代。

所以我们想要助推"羊群效应"，一定要多鼓励用户发言。在产品发布的前期进行预热，给大家分享产品的相关信息，既能够起到普及产品发布的目的，又能吸引有需求、感兴趣的目光；在产品发布之后，鼓励用户进行晒单，通过在社

群内火热的晒单行为来激发其他用户的购买欲望。

"晒单抽奖"等是最常见的鼓励模式，收集用户的晒单记录之后，从这些用户中抽取幸运者，提供相应的小礼品或免单等优惠，这种方式可以促进大家晒单的积极性。不过也要注意，晒单抽奖的优惠额度和比例要控制好，如果你的晒单抽奖额度很高，就会让没有被抽中的用户产生非常强的失落感，这种失落感会抵消他们购买到产品的满意心理，甚至对下一次的消费产生抗拒。

所以，我们在社群当中的引导行为，一定要抓住用户的心理需求。只有让"羊群效应"处在积极的方向，才能不断为变现转化带来助力。

第二节
知识的价值，借助社群体现

接下来我们会探讨一下社群未来的变现和经济落地模式，其中，知识付费是虚拟社群变现的最经典方式。互联网时代，自从"知识付费"的概念被大家所重视，借助社群来体现知识的价值就成为人们关注的重点赛道。

一个社群中的所有成员，是因为共同的兴趣和价值理念而聚集在一起的，如果有切合社群的知识资源，只要有一个成员愿意为之付费，就意味着它一定能受到社群中相当一部分人的喜爱。而知识付费与社群模式的结合，天然具备以下三个优势：

（1）知识是轻资产，通过社群来传播的效率更高。

（2）知识可以复制，不用担心社群裂变而产生的爆单。

（3）知识具有文化属性，符合社群的文化定位。

愿意加入社群的成员，一般也比较认可知识付费的模式，所以在社群中体现知识的价值是一种非常好的变现途径。

建立知识付费的模式，需要注意几个方面。

1. 社群的知识分享要有专业履历背书

能够吸引用户对知识进行付费的社群，一定是在某个专业深耕之后，能获取用户信任度的社群。这样的社群都有非常专业的履历背书，通过自己在领域内的专业性和影响力来打动用户，进行变现。

比如，"凯叔讲故事"社群的创始人是曾经的央视主持人，也是两个孩子的父亲，不管是文化背景、个人经历还是在播讲方面的专业性，都可以打动和说服社群的用户。"简七理财"的创始人唐晓晶，毕业于西南财经大学，曾经在四大会计事务所中任职，担任过税务咨询顾问，也曾在"500强"外企中担任税务经理。在创办财经类自媒体之后，先后为多家知名银行和一线金融机构提供理财科普内容，不管是从个人背景还是专业能力、科普经验上，都可堪大任。

当你看到这样优秀的履历，自然会对主理人产生信任，也愿意为这样的课程付费。只有优秀的人才能吸引大家的关注和学习，如果在相关领域没有很强的能力，又怎么能使大家信服呢？

2. 社群的知识分享一定要垂直

做社群运营时，最常发生的问题就是不懂割舍，这也想要，那也想要。但要建立知识付费的模式，就一定要垂直，只有垂直度高的社群才能体现专业性。而且，能吸引大家进行知识付费的社群，一定在某个领域进行了多年深耕，现在社群竞争压力也很大，如果不能将全部精力放在一个点上进行突破，很难在专业性上比拼过其他社群。

因此社群的知识分享一定要垂直，在社群运营之初就要确定自己的定位，根据想要做的知识付费内容来运营和宣传你的社群，这样才能吸引愿意付费的目标用户。知识分享的领域越垂直，吸引来的用户基本盘虽然会减小，但付费转化的效率会大大提高。而且，互联网上的人流量很大，即便是一个很小的方向，也有数量庞大的潜在用户群体，一个社群根本消化不完，所以不用担心自己的方向太小而没有足够的用户。

3. 发挥社群的优势，通过交流来促进知识付费

社群的优势就是人与人之间的联系更加紧密、交流更加顺畅，一定要突出社群这种无法被取代的优势，才能让知识付费顺利推进。

爱奇艺前首席内容官马东，就在自己的内容创业中关注到了知识收费这个模式。他在"分答""得到"上都有自己的频道，也与喜马拉雅合作了"好好说

话"栏目，无一例外，这些知识付费的服务都是在互动场景下提供的，借助于平台，马东可以在分享知识的同时与粉丝进行一对一交流，把握粉丝的需求、帮助他们针对性解决问题，而粉丝也能获得更有价值的信息。

最早的知识付费模式，除了面对面的培训之外，以图书出版物和音像出版物为主。通过出版物进行知识付费，互动是静态的，读者和作者之间很难进行深入交流。作者能通过一些途径收集到读者群的大致反馈，但不知道自己的知识服务到底能帮助具体的读者解决什么具体的问题。

伴随着移动互联网的发展，在线的音、视频技术更加成熟，在互联网上进行直接交流变得更容易，也促进了知识付费的模式爆发。提到交流上的优势，谁又能比得过社群呢？所以，一定要突出社群的交流优势，让知识的分享者在社群中定时跟大家交流，解决社群消费者的具体问题。

这不仅能促进社群的付费比例，也能吸引更多受众加入我们的社群，不管是在社群扩张还是在用户沉淀上，都有很好的效果。

时尚公众号"私席Seaty"建立的读者社群，就是面向女性学习者传达"健康、独立、自爱"的价值观和生活方式，不仅会传输优质的知识内容，也会分享各种健康的生活方式，让社群成员互相提高品位，追求实现个人价值。

在"私席"的几十个微信群中，大家每天都会围绕好物分享、美容知识或健身打卡等话题进行交流，创始人王蓓还会经常在群里与用户进行直接的互动。其他时间，群管理员会保证每天都输出足够的干货文章或视频，让社群始终保持较高的知识含量。因为社群的交流一直非常密切，社群互动也很活跃，所以不管是社区内的知识付费产品推广，还是自营的产品销售、发起的团购等，都获得了很大成功。

要做知识付费一定要注意很多细节，借助社群来体现知识的价值是非常美好的愿景，在实施过程中还有很长的路要走，让我们一起为之努力。

第三节
会员体系，用服务征得人心

如果社群想要通过提供优质的服务来变现，也可以采取会员体系，实现社群的经济落地。

前面我们提到的逻辑思维，就是通过出售会员的方式来提供长期的知识付费服务的。与其说他们做的是知识这种虚拟产品，不如说是通过长期的服务来解决用户没有时间、没有精力读书的痛点，将本来需要用户自己解决的问题，通过会员服务的方式，委托转交给了逻辑思维社群来解决。

会员的体系核心就是做好"服务"，服务越周到、顾客越省心，会员的体系就可以越健康地运营下去。

这种会员体系下运营需要关注的重点，有以下几个：

1. 体现会员的特殊性，高折扣和更好的服务是重点

丝芙兰美妆专卖店是全球著名的化妆品零售商，从2005年在中国大陆开启第1家门店之后，陆续将线下店铺扩充到了100多家，顾客可以在门店里试用到最全的美妆品牌，其服务和产品质量都值得信任。

伴随着网购和全球物流的发展，不管是代购还是海淘都让用户有了更多、更物美价廉的选择，线下的品牌店不可避免受到了销量冲击，但为什么丝芙兰依然可以保持较高销量？丝芙兰优质的会员体系是重要原因之一。

在丝芙兰，如果你的购买金额达到一定门槛就可以拿到相应的会员卡。丝芙兰的黑金卡可不是无效会员，在许多线上线下的活动中，黑金卡可以拿到8折甚至7.5折的优惠，叠加一些套餐和赠品，甚至比双11和海淘的促销力度还要大。

这使人们很乐于在丝芙兰进行购买，哪怕有些时候标价比较高，但因为消费可以换积分、升级会员卡，在未来获得更好的价格和服务，人们也愿意付款。

所以，我们要进行会员服务，就一定要体现会员的特殊性，这才是有效会员。只有让用户体验到会员的高端权益，他们才愿意为了服务而进行付费。给会员以更高的折扣和更好的服务，是最常见的会员权益，这种权益也可以促使用户产生多次消费，提高复购率。

2. 会员体系需要让用户省心，定期服务建立习惯

用户为什么会买会员？就是为了省下自己的时间和精力，将一部分可以外包的工作交付给社群来解决。所以社群要主动从用户的角度思考，为他们提供省时省力的服务选项，定期推送或提供实际服务是非常好的选择。

例如，在我曾经生活的城市里，有一家叫"园婉"的鲜切花花艺店，不仅出售搭配好的鲜花，也承接一些婚礼、生日宴等现场的花艺布置。"园婉"因为审美独到、花材新鲜，得到了许多用户的认可，这些长期用户就加入了花店的微信群。

后来，花艺店在社群中推出了会员服务，用户可以按月购买不同价位的会员套餐，根据套餐，每周花艺店都会搭配好相应的花材送到家。套餐的价格比单独购买要便宜很多，也省去了自己每次挑选、购买的时间，还能送货上门，得到了很多长期用户的追捧。

这就是一种非常有效的会员体系。"有效会员"的标准就是，注册会员之后，用户可以得到相应的服务，而不仅仅是空有一个会员名头。花店看起来通过这种会员体系让利给了用户，实则促进了销量，而且定制的套餐在购买、储存、搭配花材上都更简单，可以通过批量服务来降低自己的金钱和时间投入，也算节约了成本。

更重要的是，通过定期会员服务给用户建立了新的习惯。当用户适应了这种

省心省力的长期服务，就一定会倾向于持续续约，提升复购率、转变为忠实用户也很容易。

3. 当社群要做存量时，就一定要做好会员服务

什么是存量市场？就是社群已经扩张到了一种程度，很难再发展新的用户。这种时候，维持好原有的用户存量、促进原有用户产生更多的复购和消费行为，将用户都沉淀为自己的忠诚用户，就显得尤为重要。

为什么我们说社群要重视粉丝，就是因为粉丝对社群的黏性更强，也更长情。一个社群总有自己的寿命，当社群发展到存量阶段时，能陪伴在社群身边的就是最忠诚的粉丝。我曾听说过，某网络文学大神虽然现在离开网站单打独斗，平时缺乏曝光，但出版的书籍销量依然节节攀升，就是依靠忠诚的老粉丝支持。这位大神对粉丝也很好，在他的粉丝群里，大家可以像老朋友一样互动交流，已经突破了原本作者和读者之间的关系，变成了共同成长的家人和朋友。这就是对存量市场的经营，沉淀了更多用户。

母婴品牌"孩子王"的市场占有率很高，在企业扩张到一定程度之后就开始做存量市场。孩子王的核心理念就是经营好与顾客的关系，通过提供优质的会员服务和会员价格，对用户进行精细化运营，将存量用户的价值最大化，这使得孩子王的用户留存率非常高，口碑也很好。做口碑经营和会员服务，让孩子王的很多用户都转化沉淀为了长期用户，也让品牌的经营理念落实，并形成了良性循环。

本质上讲，孩子王并不是一个社群品牌，而是一个线下的母婴实体品牌。但数字化与社交化只是一种新时代的工具，实体品牌也可以利用社群模式进行经营，事实证明，这种经营方式能带来很好的回报，让孩子王在线上实现了私域流量的裂变。

通过会员体系来进行经济转化，就一定要用服务来赢得人心。好服务就是好口碑，好服务也能沉淀更多用户。

第四节
打造社群价,实现多方共赢

品牌做社群活动,不管采用什么形式,最后都要落实到变现转化,社群经济之所以能产生不可忽视的价值,也是因为这一环节。社群经济的落地方式可以与销售端直接结合在一起,通过集体团购打造社群价的方法,给社群打通变现渠道。

简单来讲,社群价就是社群利用自己的体量,代表整个社群去跟商家进行价格谈判,从商家手里拿到比平时售卖更低的价格和更高的折扣。社群承担了选品、谈判的责任,为社群成员带来更好的产品和更优惠的价格,从中收取一定的折扣作为社群的报酬。

这样的社群就像是买手群或者专门的购物群,在销售中,打造社群的信任度很重要。作为用户的选品代表,社群在选择商品时一定要有品位、有专业性,能在同类产品中找到真正质量好的产品。这样用户才能交付信任,愿意跟着社群"盲买"。

打造社群价来实现社群经济的落地,是多方共赢的一种局面。

1. 商家销售更多的产品

社群自带大量客户和流量,商家虽然给出了一个团购让利价,但是能销售更多的产品,总体上是赚的。尤其是一些农产品采购的订单,直接发给果园或菜园，社群在原产地找到新鲜的好农产品惠利给粉丝，而农民可以省掉中间商环节，直接与顾客进行对接，获取更高的利润。

2. 社群打通变现渠道

对社群来说，实现变现这一环往往很难打通，但是通过社群团购的模式，成为粉丝的"买手代表"，可以在多渠道上变现。而且，社群往往是有相同价值理念的人的集合，社群挑选购买的产品，其选购理念也更容易得到用户的认可。

3. 用户避免试错

我想很多人都有这样的经历，在网上购买产品不断"踩雷"，发现便宜的产品质量不好，质量好的产品不打折，甚至还有两个优点都没有的产品。互联网购物的风险之一就是无法面对面挑选、感受，需要不断试错，而这个过程一定会浪费我们的时间和精力。这时，如果有人能洞悉我们的需求，提前替我们进行筛选试错，直接把正确选项送到面前来就好了，而社群承担的就是这个角色。

不过，虽然做好社群团购，能实现多方共赢，但制定社群价并不是一件容易的事。互联网上五花八门的促销手段早就让用户的心得到了千锤百炼，虚假的促销也被人多次曝光，大家对"促销价"往往呈怀疑态度，这时，通过社群定制价格出售产品，可能会引起群内的议论和怀疑。为了避免这一问题，就得掌握一些定价小技巧。

（1）社群价严格提供给社群用户。

什么样的优惠最令人印象深刻？不是跌破底价，而是"人无我有"，获得一个前所未有的优惠价格，感受到自己的特殊性，最能让用户产生"占了便宜"的惊喜感。所以，一定要明确"社群价"就是"内部价"，是严格限制在社群内部的价格，只有加入社群的人才能享受到的优惠，才有资格称之为"社群价"。

如果你提供的社群价和外售价没有什么区别，不仅无法高效地促成转化，还会减少用户对于社群的信任。

（2）社群要挑选好货源。

挑选稀缺的好货源可以减少人们的价格敏感度，让大家减少对社群优惠力度等问题的质疑，因为稀缺产品的价格因素本身就不是最重要的。好的货源往往会有以下几种优势：

好货源一定具有自己的特色。稀缺的好货源意味着在市场中的同质化程度较低，因为它有着其他产品没有的特色，才能够在同类产品当中脱颖而出。只有社群挑选出有特色的产品，才能打开"卖方市场"，不管社群粉丝怎么选，都不能找到完全的替代品，大家自然而然会产生购买的欲望。

物美价廉的产品也是好货源。社群如果想打价格战，选择物美价廉的产品，也能赢得用户的喜爱。一个成本较低的产品意味着社群可以掌握定价时的主动权，在进行市场推广时，有更大的权衡空间。

好货源的质量有保障。当我们通过做社群团购来进行转化，是建立在用户对社群的信任基础上。所以我们不仅要介绍便宜的产品给大家，也要把握好产品质量。现在是物质极大充裕的时代，大多数人都希望自己买到的产品质量有保障，也愿意为了好质量的产品多花一点钱，所以社群在寻找货源时，应该充分考虑质量因素，不要辜负成员对自己的信任。从另一角度讲，好质量的货源也有助于维护社群的定位和气质，吸引更多有购买力的社群成员。好质量的产品需要有稳定的质量，如果货源渠道不稳定，导致不同批次的产品质量有差别，一定会引来不必要的纠纷，这会大大打击社群的影响力。

（3）社群要选择价格敏感性低的产品。

做社群价时，一味选择便宜产品不是最好的办法，你的社群气质会跟产品结合起来，如果大家眼中，你的社群卖的都是"廉价货"，社群就很难做出品牌。选择和社群气质、定位相符合的价格，做这一价格范围的产品最好。

关于制定价格的重要性，下面这个故事可以很好地解释。

在20世纪的美国，一家服装店老板自行设计并推出了一系列质量极好的衣服。这些衣服全部是用昂贵的天然丝绸和羊毛制作的，在款式和质量上都无从挑剔。老板对自己的产品非常满意，但因为他急需用钱，所以就刻意压低了一些价格，希望这些衣服可以快点销售出去。

他原本以为这些物美价廉的服装一定可以很快销售一空，但实际上，跟那些同样材质、设计和质量，但价格更高的产品相比，老板的货卖得并不好。

正当这个老板十分失望时,他的一个远房侄子来看望他,并提供了一个令老板匪夷所思的建议:"你的这些衣服本来就有很高的价值,应该用配得上它们的价格出售,而不是这样的低价。"

老板并不能理解这里面的缘由,但还是试了试。他将价格提高到了原本的三倍,结果,人们认为这样高价的衣服一定有过人之处,这才是货真价实的好东西。大家纷纷过来抢购,半个月内老板的存货就销售一空了。

可见,在经营过程中,一个产品的价格不一定越低越好。如果我们只是简单粗暴地进入到低价误区,不一定能促进销量,但一定会失去利润,还会影响社群品牌的定位。所以我们的商品应该定什么价格是由市场和用户来决定的。

因此在做社群时,我建议大家选择价格敏感性低的产品进行推广。什么样的产品价格敏感性更低,可以根据下面几点判断:

①同类产品越少,价格敏感性越低。理由很简单,同类产品少,买家能够找到的替代产品就很少,在仅有的几个选择下,他们往往不会对价格有太高要求。垄断产品的商家能掌握定价权,也是因为这个原因。

②产品对买家的重要性越高,价格敏感性就越低。刚需品和生活必需品,即使价格波动大,顾客往往也会购买。所以,如果我们售卖的产品是必需品,而整个市场上价格波动几乎一致时,买家也不会对价格有太高的要求。比如每年春节前后,因为节日的交通运输不便和冬季蔬菜存储难等问题,新鲜蔬菜的价格几乎都会上涨。但这种涨价是整个市场的统一波动,蔬菜也是生活必需品,就算贵也不会影响大家的购买。

③品牌影响力也会决定价格敏感性。一个品牌,如果有较高的影响力,粉丝忠诚度很高,那么在价格上的敏感性就会下降。比如一些一线奢侈品牌几乎掌握了产品的定价权,就算一些经典产品线每年都会涨价,依然有趋之若鹜的顾客。想发展成这样的品牌,在一开始就要明确自己的品牌定位和用户群体。如果你的价格和定位面向低端市场,以后想调价、做高端产品就会变得很困难。

掌握好社群产品的价值体系,会更好地实现社群的经济落地。

第五节
塑造爆品，硬核产品打穿市场

做社群的变现，还有一个最直接、最经典的途径，就是做实体产品。做产品不仅能带来直接的经济收益，也能让虚拟的品牌借助实际产品实现转化，让社群品牌真正地"立起来"。做产品虽然有一定风险，但带来的收益也是巨大的。

一个品牌成功的基础就是拥有较好的口碑，好口碑才是企业长期立足并不断发展的基础。在电商时代之前，企业想要打造口碑相对简单，只要有较好的产品，再投入大笔资金进行广告宣传打出自己的名气，就可以坐等消费者来购买，然后通过时间建立口碑。

但进入电商时代，产品的竞争变得更加复杂，宣传渠道也更加多变，仍然依照原有的模式进行口碑塑造变得不再可行。所以很多品牌便逐渐改变了自己的经营方式，将重点放在了营销上。甚至有很长一段时间，人们认为互联网时代是营销为王。

这其实是被当下营销模式的变化蒙蔽了眼睛。互联网的发展只是让用户获取信息的渠道变了，所以企业也要据此改变自己的营销方式，但企业经营和立足的本质仍然不变。如果没有良好的产品作为基础，即便花大价钱去营销，在用户中的口碑也不会好。

甚至我认为，通过好的产品建立口碑，在当下比过去更重要。在信息互联互通的当下，任何正面或负面的评价都可以在很大范围内流传开来，即便是素未谋面的陌生人，也可以借助互联网平台聚集在一起，讨论某个产品的好坏。如果企业推出的产品不能获得市场认可，很容易因为这些大声量的讨论在消费者群体中形成一个固有的负面印象，所以更应该爱惜羽毛。

没有产品的营销只能是传销，想要打造一个好品牌，就一定要有拳头产品进行支撑。尤其是经营社群本就是一个与用户近距离接触的行业，更应该注重社群成员的体验感，提供好的产品才能获得大家认可。

在互联网时代做社群，我们跟用户之间的关系远不是过去那样，社群和用户之间的信息交流是很密切、很直接的。

举个例子，淘宝有"提问"功能，有购买意向的买家可以随机选择几个已经购买的买家提出自己的问题，了解产品的情况，此时产品好不好，就不是仅凭卖家一张嘴描述了，而是一个从买家到买家的过程。做社群也是这样，如果你的产品不令人满意，用户之间进行交流时，就能得出客观答案。而我们的损失显然不只是提问的某个用户，其他潜在的用户看到这样的信息之后，也会重新衡量是否购买。

但是，只要将产品做好，你还担心不会有人替你宣传？你还担心自己得不到足够的好评吗？社群的"羊群效应"会自动开启，替你的好产品进行宣传。

做社群更要注重产品的品质本身。和传统的买卖过程不一样，社群内部就像一个"照妖镜"，产品好不好，只需要一个买家的评价，就能让所有人都看到，这种信息传播比在线下要快速、广泛得多，所以更需要注重产品品质。

1. 社群要做"拳头产品"，精简品类

社群一定要做能让用户尖叫的拳头产品，之所以用"拳头"来形容，就是指这个产品能像拳头一样打破用户的心理防线，让他们产生极高的满足感。当我们做出这样的产品，收获的不仅仅是一个顾客，还是一个品牌的粉丝。

为什么市面上有这样多的手机厂商，但只有寥寥几个拥有忠诚的粉丝群？因为只有它们拥有能在不同方面击破用户心理的拳头产品。苹果独特的系统设计和先进的理念、小米物美价廉的产品、华为极致的技术和体验等，都在某一方面成

就了这个细分领域里最好的产品，自然就吸引了这一部分用户的喜爱。

但做拳头产品并不容易，所以社群在经营时，如果想做一个能代表社群的好产品，一定要学会做减法，不要太贪心。爆款的产品线往往宁缺毋滥，太多的产品会分散拳头产品的吸引力和亮点，也会分散用户的注意力，反而失去了社群品牌的记忆点。

这就像我们要捏碎一个生鸡蛋，只有将力气重点放在某一个指头上，鸡蛋才容易捏碎。如果把力气分布到整个手掌上，使出再多力气也很难打碎鸡蛋。做拳头产品就是要找到一个捅破消费者心理和市场桎梏的点，所以必须把力气专注于一点。

除了在产品品类上做减法，产品的特点也要做减法。很多人做事都想要十全十美，想把产品方方面面都做得明显比别人好。要打造这样的产品，就一定要有长期的技术储备和资金投入，还要投入大量的耐心与信心，否则很难做成。一旦不能在各方面都强于同类品，就容易泯然于众人。

所以，我们突出产品的某一个特点，将全部精力花费在这个点上进行优化，通过这一优势来带动整个产品，更容易实现在同类竞品中的突破。俗话说"一针捅破天"，社群在钻研产品时，越能将自己的精力集中到一点上，就越容易突破。抓住一个点将它做到极致，然后保证其他的特点不给产品拖后腿即可。推出一个产品需要循序渐进地进行优化，我们可以在每一次优化时都着重于某个特点，更容易达到令人产生惊叹的效果。

2. 用产品塑造社群口碑

用好社群的传播效应，可以让好产品更快地塑造社群口碑。互联网上口碑的传播速度太快了，社群成员如果对产品产生怀疑，可以如星火燎原迅速席卷所有平台。我们利用这种传播速度实现社群的爆发式增长，也要时刻警惕这种传播速度对社群带来的打击。

所以，做好产品不仅是社群快速成长的推手，也是避免社群口碑崩塌的保险。

将社群的拳头产品进行积极推广，可以协助塑造品牌口碑。比如小米在发布UI系统时，就在自己的社群内征集体验者免费试用系统，这就是主动的推广。前期推广一定会投入一些成本，甚至在短期内可能无法获得明显收益，但只要我们的产品做得好，能让用户满意，就可以随着时间推移，带来滚雪球式的口碑上涨，这种投入取决于我们对产品是否有足够的自信。

所以核心就是，当我们用产品来塑造口碑时，不能静等着产品去征服市场，也要利用社群的影响力来推动它。比如，"薄荷阅读"等英语学习类APP，就在前期以非常低廉的价格在各个学习社群内推广，邀请大家免费听课、打卡领书。这些活动不仅能让利于社群成员，也能利用优秀的拳头产品在消费者群体中打出市场，这就是利用产品塑造口碑，而"活动"则成为了产品的推力。当然，社群活动是前期准备，一个产品能不能经受住市场的考验，并让社群成功变现、转化利润，最终还是要落实到产品的质量上。

社群选择塑造产品，就一定要做有竞争力度的爆品，打穿市场、塑造口碑效应，才能让社群站稳脚跟。

第六节
跨界合作，利用影响力变现

社群的另一种变现方式更加直接，就是利用社群在线上的影响力，与其他品牌进行跨界合作，以合作产品、帮助推广等方式，实现社群变现。

一个社群只要运营得够好，就可以组织线上与线下的活动来树立自己独特的品牌，当社群树立了品牌，拥有更大的能量就可以进行跨界合作，通过与其他圈子进行互补，做一些资源整合。资源整合就是我们经常说的跨界营销，两个品牌之间通过强强联合可以将产品推广到更广阔的市场，扩大彼此的能量，甚至可能产生意想不到的营销效果。

比如，国民辣酱品牌"老干妈"通过与运动潮牌进行的跨界合作，成功登上了时尚舞台，这一合作也赚足了大家的眼球，起到了非常好的宣传效果。"国潮联合"的方式不仅进一步沉淀了老干妈在年轻人当中的基础，也宣传了中国年轻一代对于国潮运动品牌的态度。

而社群与其他行业进行跨界营销，实现的优势互补就更明显了。社群与传统企业进行资源联合，可以发挥社群在线上强大的影响力与宣传能量，让信息可以快速传播、爆炸增长，社群能带来非常灵活的销售渠道资源；而传统企业一般具有雄厚的资金和基础，产品线也比较成熟，这正是线上年轻品牌所缺乏的。

如果是社群要和传统企业进行资源链接，应该从以下几个方面入手：

（1）传统企业可以利用社群的资源进行分享与推广，但也要为社群内的小伙伴提供相应的产品福利。

（2）传统企业与社群合作，应将分享变成产品的结构化输出。

（3）助力社群推广、扩大产品的影响力，应该由双方共同协调资源来完成。

比如，学习、读书类社群品牌"十点读书"就多次跟出版社进行合作，除了帮助出版社推广好书之外，也与出版社合作出品了原创书籍。出版社会向社群赠书，在社群内进行分享和抽奖，由出版社来提供抽奖的书籍福利。出版社也会协调自己的资源，邀请作者进入社群进行知识分享，帮助十点读书社群吸引更多粉丝。

双方合作出版了原创书籍后，除了十点读书在社群内部进行大力宣传，鼓励大家在读书之后写书评、进行分享和二次传播，出版社也利用自己的线上线下资源，在微博、微信公众号和书店中，大力宣传其原创作品。这样一来就实现了多方面的资源整合，将线上与线下的资源联动汇集在一起，使社群和出版社实现了双赢，读者也能从中得到福利和优惠。

2019年，母婴品牌"孩子王"与滴滴打车进行了合作，由孩子王赞助，面向滴滴打车的用户举办了线上的拼团活动。只要滴滴用户将该活动的链接分享到自己的微信或朋友圈等社交平台，拼团满5人就可以用1元的低价优惠买到滴滴打车的一周优惠券。滴滴打车借助孩子王的赞助实现了新客户的裂变，而传统品牌孩子王则借助滴滴广阔的平台来发展自己的线上影响力，滴滴的用户则从中得到了实在的优惠价格。这就是线上渠道和线下品牌进行跨界合作的完美范例之一。

这种跨界合作可以帮助品牌拓展自己的获客渠道，与不同领域的品牌合作并不构成竞争，反而可以整合两个品牌辐射的不同资源，也为老用户提供更多的优惠服务。

2016年，吴晓波读书会和亚朵酒店在杭州建立了"亚朵·吴"的社群酒店，这可以说是一次开创性的跨界合作，让社群经济在实体得到了落地。吴晓波读书会在线上拥有200多万粉丝，在全国各地都建立了线下的书友会，手中掌握的社群渠道非常广，铺开了一条线上的传播大网。而亚朵酒店则是中端酒店市场上的知名品牌，酒店自身也有一定的线下影响力和忠实客户。这两者实现了跨界联合，既在意料之外，又在情理之中。

这个"社群酒店"式的创意新产物，在实践过程中也得到了积极回馈。当用户进入酒店时，可以体会到社群文化的气质，比如酒店大堂上摆着读书会力推的书籍，客房中也能看到吴晓波读书会频道推出的精选茶品。读书会通过与酒店合作，将自己的用户群发展到了不同空间，实现了实体行业向线上转化的关键一步，也脱离了完全的线上模式，在线下拥有了社群的落地锚点。

连社群和酒店都可以进行跨界合作，社群在商业化过程中进行跨界联合是大有可为的，只要寻找与社群气质和用户定位相符合的品牌进行合作，就能从中探索出新的商业路径和出口。